아이디어를 발명으로

양 세 훈 지음

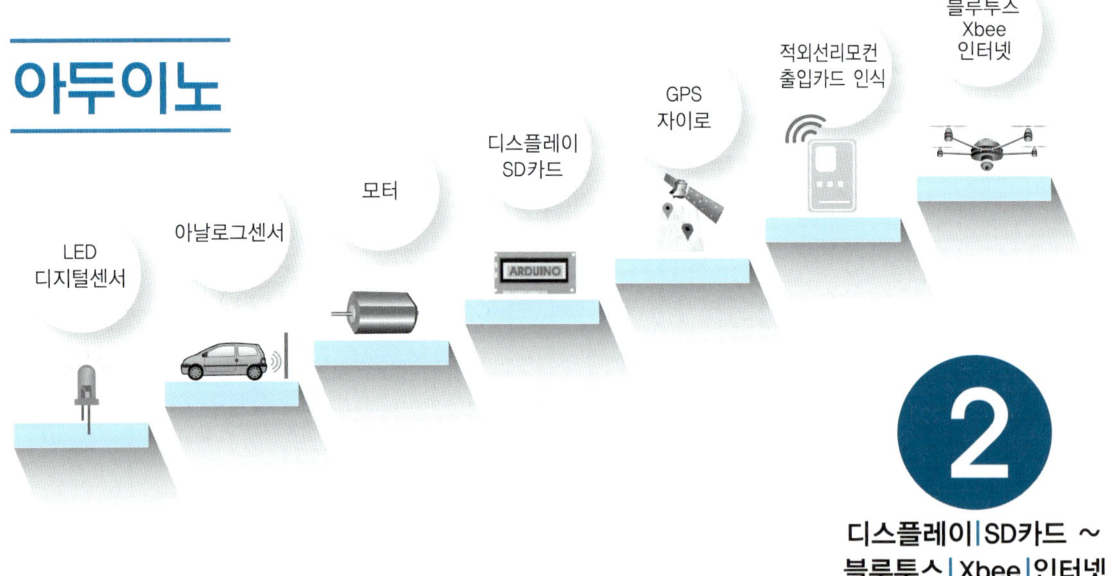

아이디어를 발명으로 아두이노 Ⅱ

2015년 6월 17일 1판 1쇄 발행

저자 ——— 양세훈

발행자 ——— 김남일

발행처 ——— TOMATO

서울특별시 동대문구 답십리로38길 56 월드시티빌딩 501호

TEL 0502-600-4925 FAX 0502-600-4924

HOMEPAGE www.tomatobooks.co.kr

아이디어를 발명으로

아두이노

　　2권은 1권에서 다루지 못했던 내용의 프로젝트로 구성되어 있다. 현장에서 장기간에 걸쳐 많은 데이터를 수집하여야 하는 경우 SD 카드를 사용하면 중요한 자료를 콤팩트하게 보관할 수 있다. SD 카드에 데이터를 저장하기 위하여 1권에서 소개하였던 SPI 데이터 통신을 활용하였다. 현장에서 수집되는 데이터를 육안으로 확인하기 위한 LCD 디스플레이를 사용하는 방법과 가독성이 높은 7 세그먼트를 사용하는 방법에 대한 프로젝트를 다루었다. 데이터와 콜랙션 타임을 SD에 같이 보관해야 하는 경우 정확한 시계인 리얼타임클럭(RTC)이라는 저전력 부품을 사용하면 된다. 프로젝트 예제를 통하여 RTC에 대한 이해를 증진시켰다. GPS 모듈을 사용하여 위성으로부터 위치 정보를 받는 프로젝트와 정확한 시계로 사용할 수 있는 프로젝트를 각각 수행하였다.

　　2권은 1권에서 습득한 지식을 활용하는 부분과 유선으로 하던 작업을 무선으로 하는 내용이 담겨 있다. 무선 컨트롤 방법인 IR, RF, 블루투스, Xbee를 사용하는 방법에 대하여 자세하게 설명 하였다. 저렴한 RF 통신을 사용하는 방법, 출입자를 컨트롤 하는 RFID 카드 사용하기와 블루투스 통신을 안드로이드폰과 아이폰에서 구현하는 프로젝트를 포함시켰다.

　　IOT(사물 인터넷)를 가능하게 하는 이더넷-인터넷을 이 책에 포함시켰다.

목 차

SD 카드 사용하기 LCD 디스플레이 및 7 세그먼트 사용하기

아두이노와 연결된 센서에서 수집되는 데이터를 저장하는 장치로 SD 카드 또는 마이크로 SD 카드를 사용할 수 있다.

SD 카드는 기가 단위 용량이어서 현장에서 많은 자료를 저장할 수 있고 수집된 자료는 엑셀 등을 비롯한 분석 소프트웨어를 사용하여 가치 있는 정보로 만들 수 있다.

현장에서 수집되는 데이터를 LCD 또는 7 세그먼트에 표시하면 상황을 직접 모니터링하면서 기기를 컨트롤할 수 있는 장점이 있다.

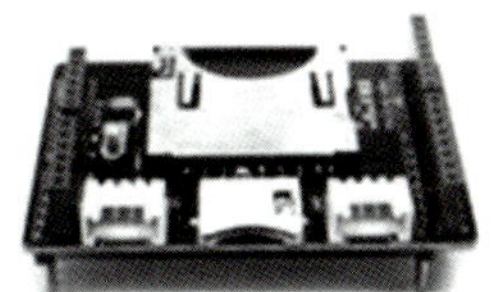

SD 카드 쉴드

LCD 디스플레이

7 세그먼트

SD Card: 텍스트 데이터 저장하기

아두이노의 데이터 저장 공간은 매우 작다. 많은 데이터를 저장하려면 제3의 저장 매체가 필요하며, SD 메모리가 그 대안이다. SD카드에 데이터를 저장하는 방법은 앞선 프로젝트에서 수행했던 SPI 통신 방법이 사용된다.

SD 카드 모듈 또는 쉴드(Card Shield)는 센서에서 수집되는 데이터를 SD 카드에 저장하기 쉽게 해준다. 모듈은 브레드 보드를 통해 아두이노와 연결이 용이하도록 만든 제품을 뜻하고, 쉴드는 아두이노 보드 위에 장착하게 만들어 브레드 보드나 점퍼 선이 필요 없도록 만든 제품을 뜻한다. 쉴드는 편리하게 모든 연결을 공장에서 만들어 준 제품이어서 가격이 모듈보다 고가이다.

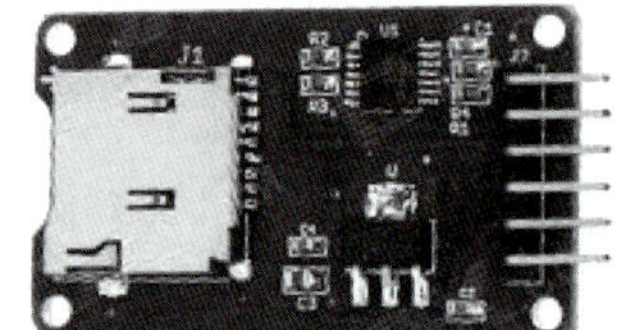

카드는 포맷 16 FAT 또는 32 FAT에, 용량은 2~8GB 정도가 적당하다. 최대 16GB까지 사용할 수 있지만, 그 이상이면 아두이노에서 데이터 핸들링 시 문제가 생길 수도 있다.

프로젝트는 마이크로 SD카드 모듈을 사용하였다.(SD와 마이크로 SD카드 모듈 사용 방법은 동일하다.)

준비물
- 아두이노 우노 1개
- 브레드 보드 1개
- 마이크로 SD 카드 모듈
- 점퍼선 다수

스케치

```
// SD Card: simple text write to SD Card

#include <SD.h>  // SD library
File myFile;  // make file and give its name as myFile

void setup( )
{
  Serial.begin(9600) ;
```

```
  Serial.println("SD Card initializing wait !!!") ;
  if (!SD.begin(10) )    // if CS(10) is not working
  {
    Serial.println("SD Card Initialization failed !!");
    return;
}
    Serial.println("Initilization success!!!");
}
void loop ( )
{
myFile = SD.open("test.txt", FILE_WRITE);  // library function
if (myFile)
  {
    myFile.println("Wow!!! succeed !!!");
    Serial.println("Wow!!! succeed !!!");
    myFile.close( ) ;
}
else
{
  Serial.println("Error Somthing is not wright ?") ;
}
delay(1000);
}
```

스케치 분석

■ SD 카드 모듈은 아두이노와 SPI 방식으로 데이터를 교환한다. 스케치에서 #include〈SPI.h〉를 사용하지
  않아도 되는 이유는 〈SD.h〉 라이브러리에서 SPI를 커버했기 때문이다.

■ SD 라이브러리를 사용하기 위하여 **#include <SD.h>**를 스케치 첫 줄에 놓았다.

■ **Filo myFile;** 라이브러리 함수를 사용하기 위하여 이름을 myfile로 작명하였다.

■ **if (!SD.begin(10));** 느낌표 !는 not(아니다)의 뜻이다. 10은 SPI 통신에서 CS(Chip Select)에 연결된 10
  번 디지털 핀을 가리키는 것이다. if (!SD.begin(10))은 '10번 핀에 연결된 슬레이브인 SD가 작동하지 않
  는다면' 이라는 뜻이다.

■ **myFile = SD.open("test.txt", FILE_WRITE);** (파일 이름, 데이터 작성)을 하라는 라이브러리 함
  수이다.

■ 함수 사용 후에 반드시 열린 문을 **myFile.close( )**로 닫아 주어야 한다.

SPI 통신에 대한 자세한 설명과 프로젝트는 1권 유선통신을 참조하기 바란다.

하드웨어

SPI 통신 전용으로 지정된 핀에 SD 카드 모듈을 아래와 같이 연결한다.

SD 카드 모듈	아두이노
MOSI	D11
MISO	D12
SCK	D13
CS	D10
VCC	5V
GND	GND

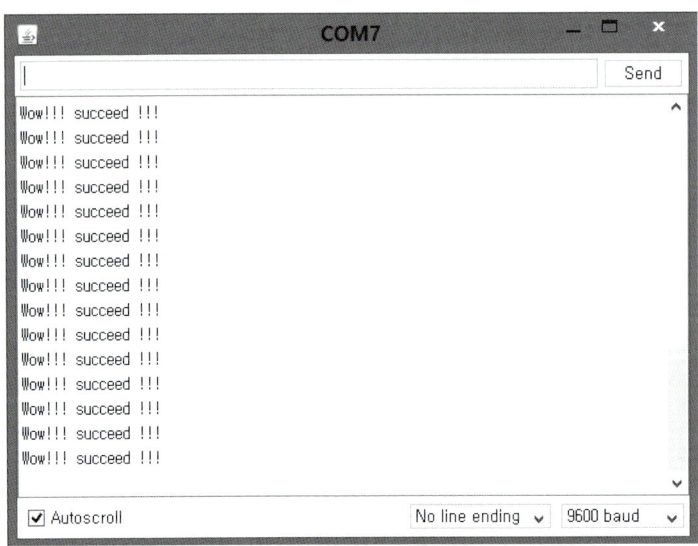

스케치를 업로드하면 시리얼 모니터에 Wow!!! succeed !!!가 연속적으로 프린트 되는 것을 볼 수 있다. 동시에 SD 카드의 test.txt 파일에 Wow!!! succeed !!!를 프린트하고 있다. SD 카드를 쉴드에서 빼내어 PC에 연결하면 test.txt 파일 안에 Wow!!! succeed !!!가 있는 것을 발견할 수 있다.

SD Card: 센서 데이터 저장하기

이번 프로젝트는 센서에서 수집되는 데이터를 SD 카드에 저장하는 작업이다. 앞에 설명한 텍스트 데이터 저장하는 작업과 유사하다. CDS 센서에서 수집되는 데이터를 SD 카드에 저장하면 되는 것이다.

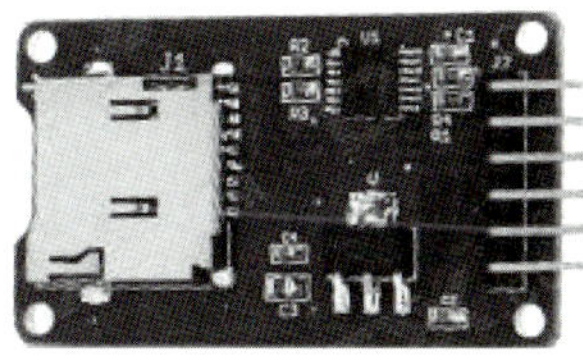

준비물
- 아두이노 우노 1개
- 아두이노 우노 보드 1개, 브레드 보드 1개
- 마이크로 SD Card 카드모듈
- CDS 센서 1개
- 저항 10KΩ 1개
- 점퍼선 다수

스케치

SD 카드 모듈은 SPI 통신이므로 11번은 MOSI, 12번은 MISO, 13번은 SCLK, 10번은 CS로 지정되어 있다. CDS 센서는 아날로그 A0 핀에 연결된다.

```
// SD Card: simple text write to SD Card
// MOSI=11, MISO=12, SCLK=13, CS=10 pins are reserved

#include <SD.h>  // SD library
File myFile;  // make file and give its name as myFile
int CDS = A0 ;
int val = 0 ;

void setup( )
{
  pinMode(CDS, INPUT) ;
  Serial.begin(9600) ;
  Serial.println("SD Card initializing wait !!!") ;
```

```
  if (!SD.begin(10) )    // if CS(10) is not working
  {
    Serial.println("SD Card Initialization failed !!");
    return;
}
    Serial.println("Initilization success!!!");
}
void loop ( )
{
val = analogRead(CDS) ;
myFile = SD.open("CDS_data.csv", FILE_WRITE);  // library function
if (myFile)
  {
    myFile.println(val);
    Serial.println(val);
    myFile.println(",");  // csv format seperated by comma(,)
    Serial.println(",") ;
    myFile.println( millis( ) ) ;
    Serial.println( millis() ) ;
    myFile.close( ) ;
}
else
{
  Serial.println("Error Somthing is not wright ?") ;
}
delay(1000);
}
```

스케치 분석

- **#include <SD.h>**　SD 라이브러리 사용 선언. SPI 통신은 SD 라이브러리에서 커버됨.

- **File myFile;**　파일을 만들고 그 이름을 myFile이라고 작명해 준 것.

- **if (!SD.begin(10));**　느낌표 !는 not(아니다)라는 뜻이다. 10은 SPI 통신에서 CS(Chip Select)에 연결된 10번 디지털 핀을 가리키는 것이다. if (!SD.begin(10))은 '10번 핀에 연결된 슬레이브인 SD가 작동하지 않으면(if)' 이라는 뜻이다.

- **SD.open("CDS_data.csv", FILE_WRITE);**　SD.h에 있는 라이브러리 함수이다. CDS_data.csv 파일을 열고 그곳에 데이터를 작성(WRITE)하라는 것이다. 그리고 저장되는 파일 이름은 myFile이다.

- **myFile.close( );**　파일 작성이 끝난 다음에는 반드시 닫아(close) 주어야 한다.

(5V)-(CDS 센서)-(1KΩ)-(GND)를 연결하고, (CDS 센서)-(1KΩ) 사이를 A0와 연결한다.

SPI 통신을 위한 스케치와 하드웨어 연결에 대해서는 1권 유선통신에 자세히 설명되어 있다.

SD 카드 모듈	아두이노
MOSI	D11
MISO	D12
SCK	D13
CS	D10
VCC	5V
GND	GND

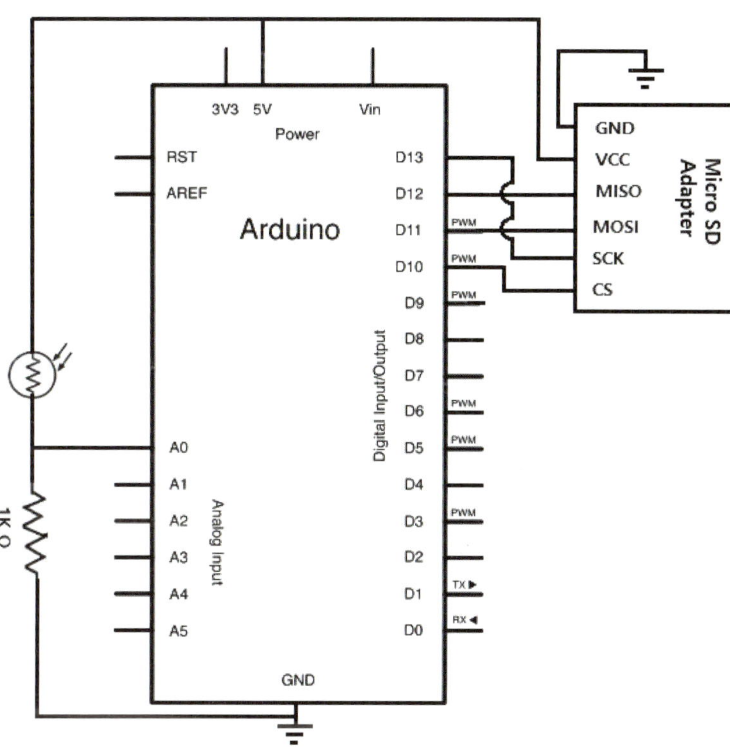

스케치를 컴파일하고, 업로드한 다음 시리얼 모니터를 오픈하면 CDS에서 들어오는 값과 시간 millis( )가 쉼표 후에 계속 프린트된다.

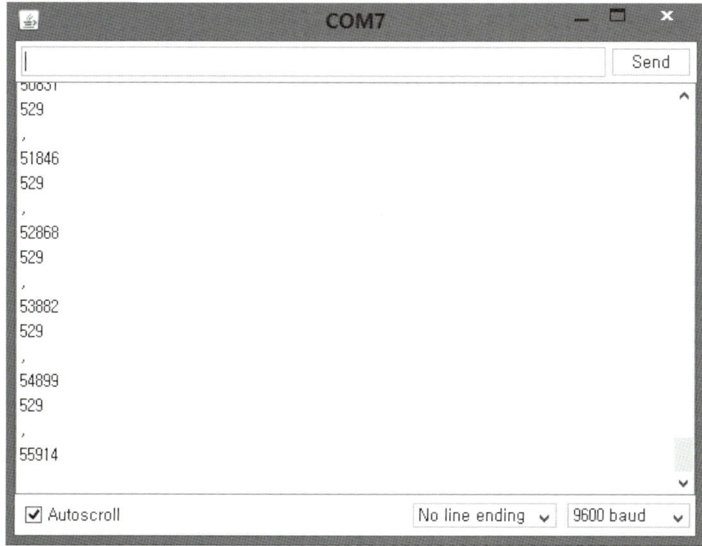

16

LCD 디스플레이 사용하기

냉장고, 세탁기, 밥솥을 비롯한 많은 전기, 전자기기들은 LCD 창을 이용하여 사용자에게 기기의 작동상황에 대한 정보를 알려 준다. 프로젝트에서 사용한 16×2 LCD는 왼쪽 첫 번째 1번을 시작으로 우측으로 가면서 번호가 증가하여 16번까지 이르게 된다.

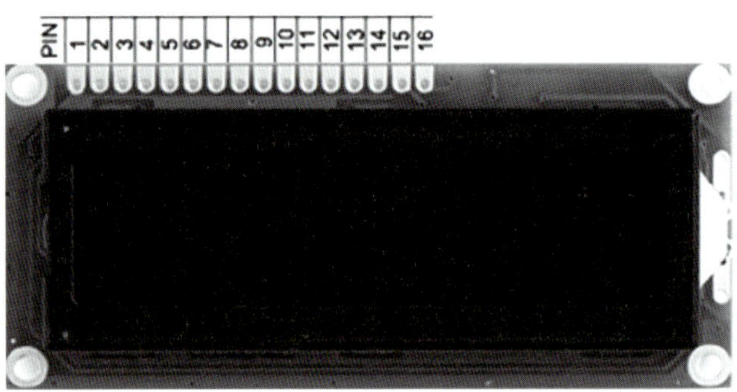

준비물
- 아두이노 우노 보드,
  브레드 보드 각 1개
- 16X2 LCD,
  10K 옴 가변 저항

 스케치

LCD 창에 hellow world!라는 단어를 표시하는 스케치는 다음과 같다.

```
// LCD Display : hello, world!

// include the library code:
#include <LiquidCrystal.h>

// initialize the library with the numbers of the interface pins
LiquidCrystal lcd(12, 11, 5, 4, 3, 2);

void setup() {
  // set up the LCD's number of columns and rows:
  lcd.begin(16, 2);
  // Print a message to the LCD.
  lcd.print("hello, world!");
}
```

```
void loop() {
  // set the cursor to column 0, line 1
  // (note: line 1 is the second row, since counting begins with 0):
  lcd.setCursor(0, 1);
  // print the number of seconds since reset:
  lcd.print(millis()/1000);
}
```

스케치 분석

■ **#include <LiquidCrystal.h>** 기본 IDE에 있는 LiquidCrystal 라이브러리를 사용하고 있다.

■ **LiquidCrystal lcd(12, 11, 5, 4, 3, 2);** LiquidCrystal 라이브러리에서 함수로 사용하는 이름은 lcd이고, 괄호 안에 있는 파라미터들은 사용하는 핀 번호들이다. 처음에 나오는 파라미터는 스크린 리셋 핀이고, 두 번째 파라미터는 enable 핀이다. 다음 4개의 파라미터가 4비트 데이터용 핀들이다. LCD는 한 번에 4개의 비트씩 작업하기 때문임.

■ **lcd.begin(16, 2);** 16행 2열 LCD 사용을 시작하라는 명령.

■ **lcd.print("hello, world!");** 한 번만 LCD에 프린트하기 위해 setup( ) 안에서 "hello, world!"

■ **lcd.setCursor(0, 1);** 다음 프린트를 시작할 위치로 커서를 보낸다. 0번 행(첫줄) 2번 열.

⚙ 하드웨어 연결

가변 저항의 다른 두 핀은 5V와 GND와 연결된다.

가변 저항은 LCD 백라이트 조명의 밝기를 컨트롤하기 위한 용도이다.

LCD	아두이노	LCD	아두이노
Lcd Pin 1(Vss)	GND	Lcd Pin 6(E)	디지털 핀 11번
Lcd Pin 2(Vdd)	+5V	Lcd Pin 11(D4)	디지털 핀 5번
Lcd Pin 3(Ve)	포텐시오미터 중간 핀	Lcd Pin 12(D5)	디지털 핀 4번
Lcd Pin 4(Rs)	디지털 핀 12 번	Lcd Pin 13(D6)	디지털 핀 3번
Lcd Pin 5(Rw)	GND	Lcd Pin 14(D7)	디지털 핀 2번

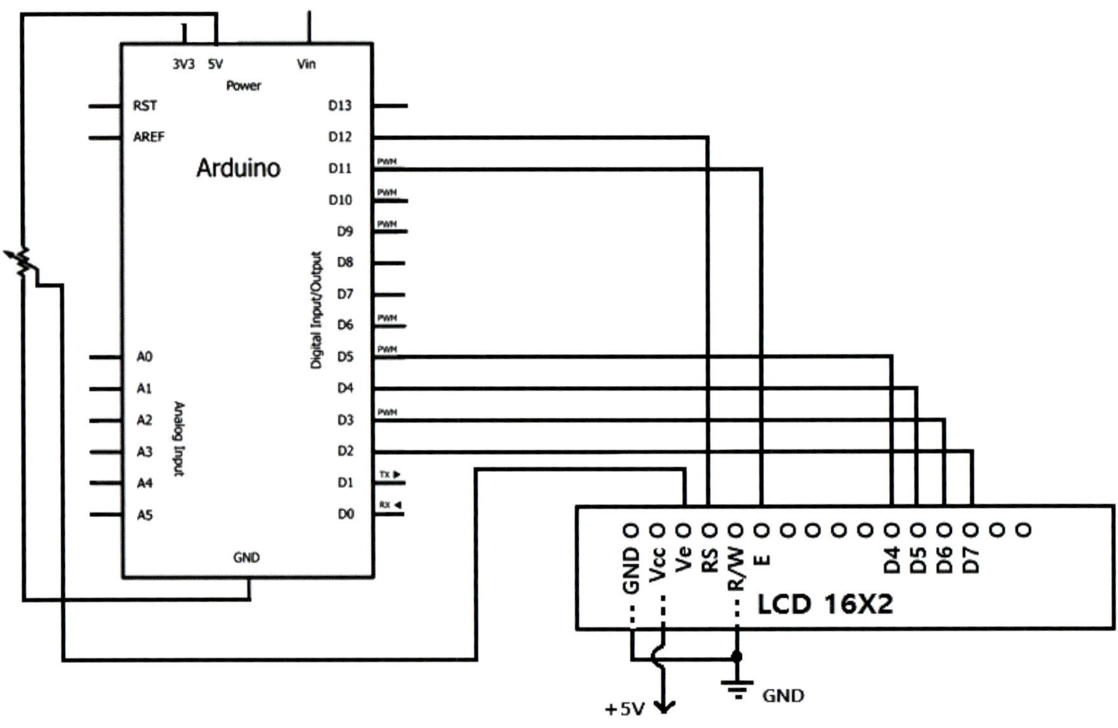

스케치를 컴파일하고 업로드하면, LCD 창에 hello, world!라는 글씨를 보게 된다. 만약 글씨가 또렷하지 않으면 가변 저항으로 백라이트 밝기를 조정하면 된다.

LCD 디스플레이: 온도 · 습도 표시하기

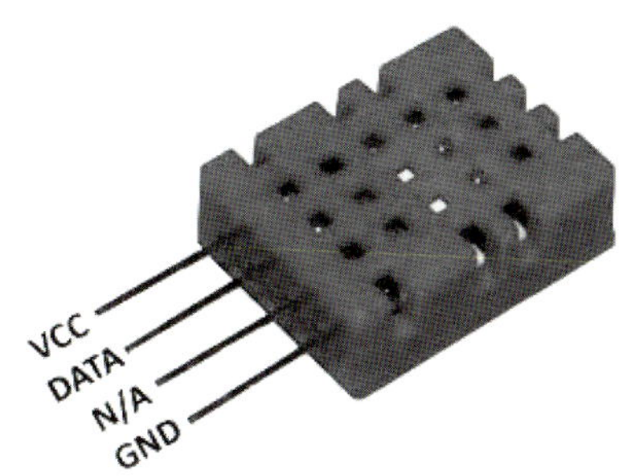

1권 〈디지털 11.〉에서 수행했던 DHT11 온도 · 습도계에서 측정한 결과를 LCD 창에서 볼 수 있게 하는 프로젝트이다.

스케치

스케치는 1권 〈디지털 11. DHT11〉과 2권 〈1부 3. LCD〉를 합한 것이다. DHT11 센서를 사용하기 위하여 https://github.com /adafruit/DHT-sensor-library를 방문하여 다운로드 받고, ZIP 파일 압축을 푼다. DHT-sensor-library-master로 되어 있는 파일 이름을 DHT로 바꾼다. 이 DHT 파일을 [내문서] ⇒ [arduino] ⇒ [libraries] 안으로 이동시킨다.

LiquidCrystal.h 라이브러리는 아두이노 IDE에 기본으로 탑재되어 있는 라이브러리 함수여서 다운로드 받을 필요 없다.

```
// LCD DTH Temp and Humidity
#include <LiquidCrystal.h>
#include <DHT.h>

#define DHTPIN 7 // what pin we're connected to
#define DHTTYPE DHT11
DHT dht(DHTPIN, DHTTYPE);

// initialize the library with the numbers of the interface pins
LiquidCrystal lcd(12, 11, 5, 4, 3, 2);

void setup() {
```

```
lcd.begin(16, 2); // set up the LCD's number of columns and rows:
lcd.print("DHT test"); // Print a message to the LCD.
dht.begin( );
}

void loop() {
float h = dht.readHumidity();
float t = dht.readTemperature();
// check if returns are valid, if they are NaN (not a number)
// then something went wrong!

if (isnan(t) || isnan(h)) {
lcd.clear(); // clear the screen
lcd.setCursor(0, 0);
lcd.print("Can't get reading");
lcd.setCursor(0, 1);
lcd.print("from DHT");

} else {
lcd.clear();
lcd.setCursor(0, 0);
lcd.print("Hum: ");
lcd.print(h);
lcd.print(" %");
lcd.setCursor(0, 1);
lcd.print("Temp: ");
lcd.print(t);
lcd.print(" *C");
}
}
```

스케치 분석

- LCD와 온습도계 라이브러리를 사용하기 위해 **#include <LiquidCrystal.h>**와 **#include <DHT.h>**를 스케치 첫 부분에 사용했다.

- 온습도계인 DHT11 센서가 연결된 핀 7번 핀 이름을 DHTPIN으로 부여하기 위하여 **#define DHTPIN 7**을 사용했다. int DHTPIN= 7;을 사용하는 것과 같은 내용이다. 다만 프로그램 구동 중에 실수로라도 DHTPIN에 7번 이외에 다른 번호가 들어가는 것을 막는 조치이다.

- DTH 라이브러리에 있는 함수를 사용할 때 dht란 이름으로, 파라미터는 핀 번호인 DHTPIN과 센서 타입(여기에서는 DHT11)을 사용하기 위해 DHT dht(DHTPIN, DHTTYPE)을 정의함. 전문용어로는 오브젝트

21

를 생성한다고 한다.

■ 앞 프로젝트에서와 동일하게 **LiquidCrystal lcd(12, 11, 5, 4, 3, 2)**은 LiquidCrystal 라이브러리에서 함수를 사용하는데 이름은 lcd이고, 괄호 안에 있는 파라미터들은 사용하는 핀 번호들이다. 처음에 나오는 파라미터는 스크린 리셋 핀이고, 두 번째 파라미터는 enable 핀이다. 다음 4개의 파라미터가 4비트 데이터용 핀들이다. LCD는 한 번에 4비트씩 작업하기 때문임.

■ **lcd.begin(16, 2);** 가로 16칸 세로 2줄이 LCD 사용을 시작하라는 명령.

■ **float h = dht.readHumidity( ), float t = dht.readTemperature( );** 온도와 습도를 읽어서 각각 h와 t에 저장하라는 명령이다.

■ **isnan(h) || isnan(t);** 라이브러리 함수이다. isnan(h)에서 의미는 h is n a n(not a number) 즉 '( ) 안에 있는 h 값이 숫자인가?' 이다.

isnan(t)은 t is n a n(not a number) 즉 '( ) 안에 있는 t 값이 숫자인가?'

||는 OR(또는)이라는 뜻이다. 즉 h나 t 중에서 하나라도 숫자가 아니면 이어지는 중괄호 { } 안에 있는 작업을 수행한다. 둘 중 하나만 만족되어도 통과이다.

■ ***C**는 C 주소에 있는 내용(숫자)를 의미한다. 포인터이다.

하드웨어

DHT11	아두이노
1번 Vcc	5V
2번 Data	디지털 7번
4번 GND	GND

앞 LCD 프로젝트의 하드웨어 연결에 추가로 이전에 수행하였던 온도 습도 센서 DHT11을 왼쪽 표와 같이 연결한다.

LCD	아두이노	LCD	아두이노
Lcd Pin 1(Vss)	GND	Lcd Pin 6(E)	디지털 핀 11번
Lcd Pin 2(Vdd)	+5V	Lcd Pin 11(D4)	디지털 핀 5번
Lcd Pin 3(Ve)	가변 저항 중간 핀	Lcd Pin 12(D5)	디지털 핀 4번
Lcd Pin 4(Rs)	디지털 핀 12 번	Lcd Pin 13(D6)	디지털 핀 3번
Lcd Pin 5(Rw)	GND	Lcd Pin 14(D7)	디지털 핀 2번

가변 저항은 LCD 백라이트 조명의 밝기를 컨트롤하기 위한 용도이다.

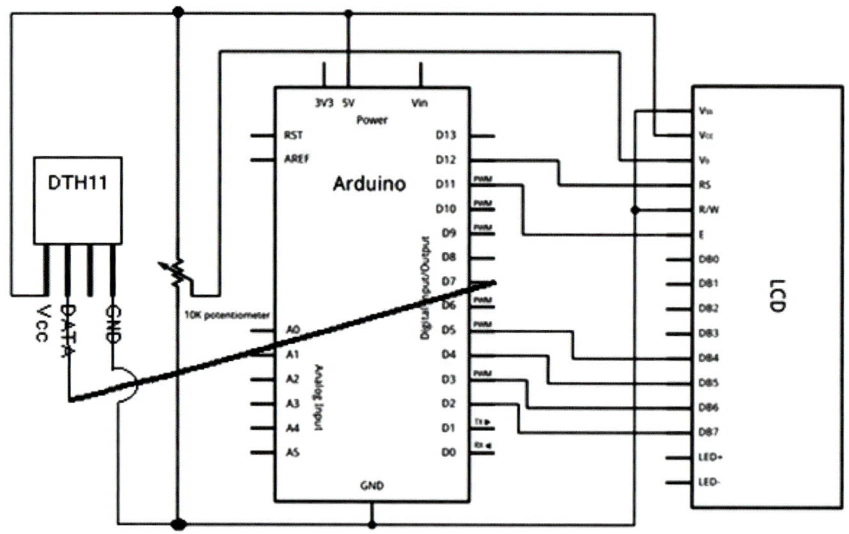

스케치를 컴파일 하고 업로드 하면 LCD 창에 온도와 습도가 표시된다.

앞에서 설명한 LCD 디스플레이는 많은 장점을 가지고 있지만, 빛이 밝은 곳에서는 가독성이 떨어진다. 시계, 전광판, 점수표 등 먼 거리에서도 선명하게 보이게 하려면 아직까지도 7세그먼트가 유리하다.

7 세그먼트는 일직선인 Light들을 ON/OFF시켜 숫자를 만드는 것이다. 7개의 일직선 Light를 사용하기 때문에 7 세그먼트라고 부르는 것이다. 여기에 소수점 표시인 dp를 필요시 추가해 주어야 한다. 아래에 숫자를 만들기 위해 사용되는 ON/OFF 신호표가 있다. a~g까지의 ON/OFF를 2진수로 대체하여 표시할 수 있다. 이 패턴을 사용하여 원하는 숫자를 만드는 것이다.

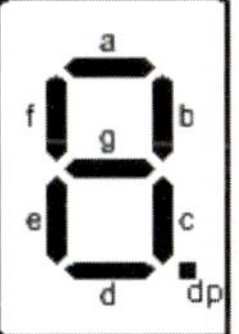
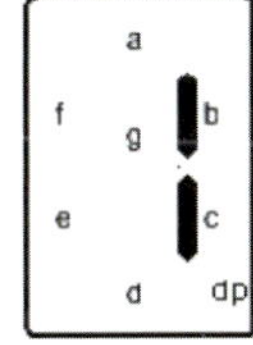
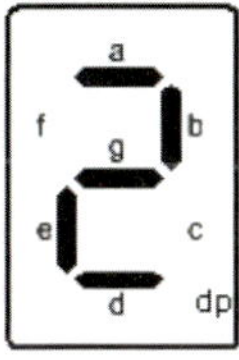

세그먼트   세그먼트   세그먼트

0을 표시하려면 g와 dp를 제외한 모든 Light를 ON시키면 된다.

세그먼트	a	b	c	d	e	f	g	dp
0	1	1	1	1	1	1	o	o
1	0	1	1	0	0	0	0	0
2	1	1	0	1	1	0	1	0
3	1	1	1	1	0	0	1	0
..	..	..	..	..	..	..	..	..

```
B11111100 // = 0
B01100000 // = 1
B11011010 // = 2
B11110010 // = 3
.. … …. ……
```

5 7 세그먼트: 0~9 숫자 표시하기

준비물
- 아두이노 우노, 브레드 보드 각 1개
- Common Cathode 7 Segment Display 1개
- 220Ω 저항 8개
- 점퍼 선 다수

 ## 스케치

```
// 7 segment LED shows 0~9

//binary bits representing numerals 0-9 and .
const byte numeral[11]= {
B11111100, // = 0
B01100000, // = 1
B11011010, // = 2
B11110010, // = 3
B01100110, // = 4
B10110110, // = 5
B00111110, // = 6
B11100000, // = 7
B11111110, // = 8
B11100110, // = 9
B00000001, // = .
};

// a~g of the 7 segment LED connected to arduino pins
const int segmentPins[8]= { 5,8,9,7,6,4,3,2 };

void setup()
{
for (int i=0; i < 8; i++)
{
pinMode(segmentPins[i], OUTPUT);
```

```
}
}
void loop()
{
for (int i=0; i <=10; i++)
{
showDigit(i);
delay(1000);
}
}


void showDigit (int number)
{
boolean isBitSet;

for (int segment=1; segment < 8; segment++)
{
isBitSet= bitRead(numeral[number], segment);
digitalWrite(segmentPins[segment], isBitSet);
}
}
```

스케치 분석

- 1개의 7 세그먼트에 0부터 9까지 숫자를 순차적으로 표시하는 스케치이다.

- **numeral[11];**   11개 저장소를 만들고, 숫자를 표시하기 위하여 2진수 코드로 저장시켰다.

- [11] 배열에서 저장 서랍을 11개를 만들었다. 디지털 세계에서 서랍 안에 내용을 부를 때는 0번부터 10번
  이 된다.

- **segmentPins[8];**   7세그먼트와 연결되는 아두이노 핀 번호를 저장.

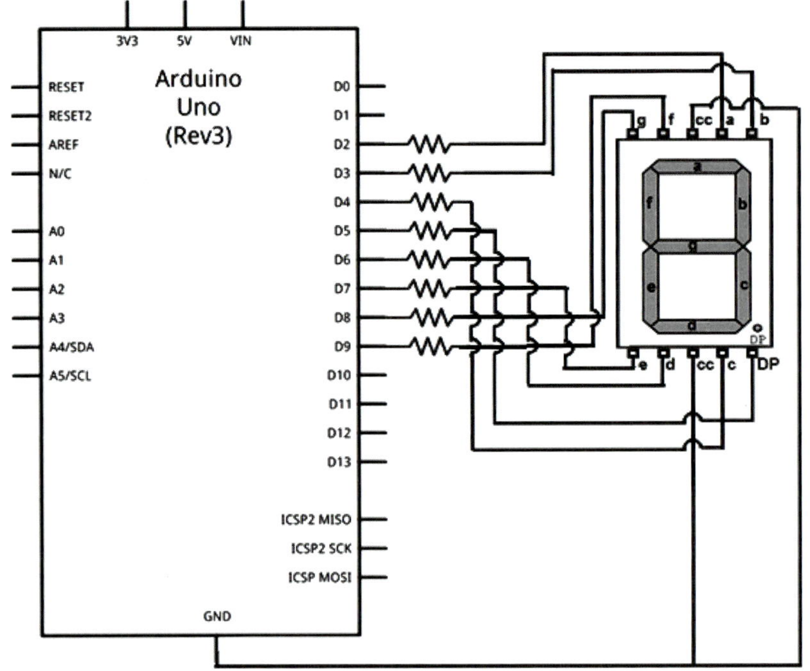

스케치를 컴파일 하고 업로드 하면 7 세그먼트에서 숫자 0부터 9까지를 나타낸다.

7 세그먼트: 세그먼트 쉴드 사용(UART 통신)

앞 프로젝트에서 1 단위 숫자를 표시하기 위한 7 세그먼트를 보았는
데 점퍼 와이어 연결 자체가 많았던 것을 알 수 있다. 4 단위 숫자를
앞에 했던 방법으로 연결하려면 무척 복잡하다. 이럴 때 쉴드를 사용
하면 쉽게 목적을 달성할 수 있다.

준비물 ■ 아두이노 우노,
브레드 보드
■ 7 세그먼트 쉴드

쉽게 구할 수 있는 스파크펀 사의 쉴드를 사용하기로 하자. 통신 방법은 UART를 선택하자.
SoftwareSerial 라이브러리를 사용하여 디지털 핀을 UART 핀으로 만들어 사용하는 실습을 같이 하
는 것이 이 프로젝트의 목적이다.

스케치

7 세그먼트 UART통신으로 7번과 8번 핀을 Rx와 Tx로 사용하고 있다. 스케치 다운로드에 사용하는 0번과 1번
에 있는 Rx, Tx의 UART 통신과 충돌이 일어나지 않도록 작성된 스케치이다.

```
// Serial 7-Segment Display Example Code

#include <SoftwareSerial.h>
const int softwarcTx = 8; // Created UART Tx line
const int softwareRx = 7; // Created UART Rx line

SoftwareSerial  s7s(softwareRx, softwareTx);

unsigned int counter = 0;
char tempString[10];  // Will be used with sprintf to create strings

void setup()
```

```c
{
  s7s.begin(9600);

clearDisplay( );  // Clears display, resets cursor
  s7s.print("-HI-");  // Displays -HI- on all digits
  setDecimals(0b111111);  // Turn on all decimals, colon, apos

  // Flash brightness values at the beginning
  setBrightness(0);  // Lowest brightness
  delay(1500);
  setBrightness(127);  // Medium brightness
  delay(1500);
  setBrightness(255);  // High brightness
  delay(1500);

  // Clear the display before jumping into loop
  clearDisplay();
}

void loop()
{
sprintf(tempString, "%4d", counter);

  // This will output the tempString to the S7S
  s7s.print(tempString);
  setDecimals(0b00000100);  // Sets digit 3 decimal on

  counter++;  // Increment the counter
  delay(100);  // This will make the display update at 10Hz.
}

void clearDisplay()
{
s7s.write(0x76);  // 0X76 is Clear display by shield
}

void setBrightness(byte value) // 0~255
{
  s7s.write(0x7A);  // Set brightness contrl byte
  s7s.write(value);  // brightness data byte
}
```

```
void setDecimals(byte decimals)
{
  s7s.write(0x77);
  s7s.write(decimals);
}
```

스케치 분석

- **#include <SoftwareSerial.h>**　아두이노는 PC와 UART 통신을 하기 때문에 쉴드는 SoftwareSerial 사용하여 디지털 7번과 8번 핀을 시리얼 통신용으로 사용하고 있다. 송신용으로 softwareTx = 8, 수신용으로 softwareRx = 7을 사용.

- **SoftwareSerial s7s(softwareRx, softwareTx);**　SoftwareSerial 라이브러리에서 함수를 s7s 이름으로 사용하겠다고 정해 주고, 송수신 핀들의 이름을 보내준다. s7s 이름이 이상하면 독자가 임의로 바꾸어 주어도 된다. 단 스케치 모든 곳에서 바꾸어야 하기 때문에 IDE 메뉴 창에서 [편집] ⇒ [찾기]에 가서 찾기 단어에 s7s를 입력하고, 대체 입력 칸에 원하는 새로운 이름 사용 모두 바꾸기를 선택하면 쉽게 바꿀 수 있다.

- **s7s.begin(9600);**　라이브러리 함수 s7s는 9600 속도로 전송한다는 단어.

- **s7s.print("-HI-");**　쉴드에 -HI-라고 쓴다.

- 이 스케치는 3개의 함수를 만들어 사용하고 있다. **clearDisplay**, **setBrightness**와 **setDecimal**이다. setDecimal(0b11111111)은 모든 비트를 켠 상태이다. 세그먼트의 모든 LED를 ON 시킨다.

  쉴드에서 명령하는 방법은 Special Command에 해당하는 Command byte를 보내고 바로 이어서 Data byte range를 보내어 Command에서 해당 내용 만큼을 수행하라는 것이다.

  아래 테이블에 명령코드를 전달하는 바이트와 데이터 구간이 나와 있다.

Special Command	Command byte	Data byte range	Data byte description
Clear display	0x76	None	
Decimal control	0x77	0-63	1-bit per decimal
Cursor control	0x79	0-3	0=left-most, 3=right-most
Brightness control	0x7A	0-255	0=dimmest, 255=brightest
Digit 1 control	0x7B	0-127	1-bit per segment
Digit 2 control	0x7C	0-127	1-bit per segment
Digit 3 control	0x7D	0-127	1-bit per segment
Digit 4 control	0x7E	0-127	1-bit per segment

■ **sprintf(tempString, "%4d", count)**를 분석해 보자. C 언어에서 %d 는 십진수 정수를 나타내고 %f 하면 십진수 실수를 나타내는 것이다. %4d 라고 하면 십진 정수 4 자리로 표시하라는 것이다. sprintf(val, "%4d", count) 라고 하면 count에 있는 숫자를 십진수 정수 4자릿 수로 만들어 val에 저장하라는 명령이다.

 하드웨어

7 세그먼트	아두이노
Vcc	5V
GND	GND
Tx	8
Rx	7

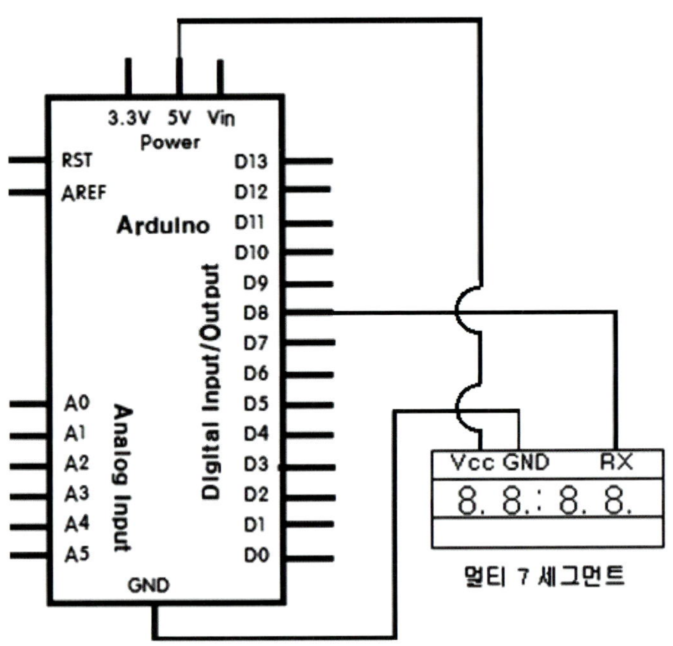

스케치를 컴파일하고, 업로드하면 7-Segment 쉴드에 다음과 같은 글씨가 나오며 숫자들이 변화하는 것을 볼 수 있다.

리얼타임 클럭 RTC(Real Time Clock), 위치 GPS, 시프트 레지스터

1 리얼타임 클럭 RTC

오랜 기간동안 환경을 감시하는 장치는 측정 일자와 정확한 시간을 파악하는 것이 중요하다. 리얼타임 클럭은 매우 정확한 시계이다. 값도 저렴하고 배터리도 적게 소모하는 DS1307 RTC를 이번 프로젝트에 사용하였다. 2100년까지 년도, 날짜, 시, 분, 초까지 측정할 수 있다.

준비물
- 아두이노 우노, 브래드 보드 각 1개
- DS1307 리얼타임 클럭 모듈 1개
- 점퍼선

DS1307 모듈은 I2C 통신방식을 사용하고 있다.

스케치 작성하기 전에 라이브러리가 있는 무료 사이트 https://github.com/adafruit/RTClib를 방문하여 Zip 파일을 다운로드 받는다. 다운로드 된 압축파일을 풀고, 이름을 아두이노가 인식할 수 있도록 RTClib로 변경시키고 Arduino의 libraries 파일 안에 위치시킨다.

스케치

```
#include <Wire.h>
#include <RTClib.h>
RTC_DS1307 rtc;

void setup () {
Serial.begin(9600) ;
Wire.begin() ;
rtc.begin() ;
if (! rtc.isrunning()) {
Serial.println("RTC is NOT running!") ;
```

```cpp
  rtc.adjust(DateTime(2014,01,16,14,45,00)) ;
}

void loop() {
 DateTime now = rtc.now() ;
Serial.print(now.year(), DEC) ;
Serial.print("/") ;
Serial.print(now.month(), DEC) ;
Serial.print("/") ;
Serial.print(now.day(), DEC) ;
Serial.print(" ") ;
Serial.print(now.hour(), DEC) ;
Serial.print(":") ;
Serial.print(now.minute(), DEC) ;
Serial.print(":") ;
Serial.print(now.second(), DEC) ;
Serial.println() ;
Serial.print(" since midnight 1/1/1970= ") ;
Serial.print(now.unixtime()) ;
Serial.print("s = ") ;
Serial.print(now.unixtime() / 86400L) ;
Serial.println("d") ;
// calculate a date which is 7 days and 30 seconds into the future
 DateTime future (now.unixtime() + 7 * 86400L + 30) ;
Serial.print(" now + 7d + 30s: ") ;
Serial.print(future.year(), DEC) ;
Serial.print('/') ;
Serial.print(future.month(), DEC) ;
Serial.print('/');
Serial.print(future.day(), DEC);
Serial.print(' ') ;
Serial.print(future.hour(), DEC);
Serial.print(":") ;
Serial.print(future.minute(), DEC) ;
Serial.print(':') ;
Serial.print(future.second(), DEC) ;
Serial.println() ;
 Serial.println() ;
delay(3000);
}
```

스케치 분석

- **#include <Wire.h>** I2C 데이터 통신 사용을 위하여 라이브러리를 불러 온다.

- **#include <RTClib.h>** 리얼 타임클럭 라이브러리를 불러온다

- **RTC_DS1307 rtc;** RTC_DS1370 을 사용하는 함수 이름을 rtc 로 명명.

- **Wire.begin( );** I2C 통신을 개시 하라는 명령.

- **rtc.begin( );** 리얼 타임클럭 동작을 시작 하라는 명령.

- **if (! rtc.isrunning( ));** !(not)에 의해 rtc가 동작하지 않는 경우.

- **rtc.adjust(DateTime(2014,01,16,14,45,00));** 초기 시간을 세팅하는 것임.

- **DateTime now = rtc.now();** 현재 시각을 찾아 now라는 이름에 저장.

- **now.year(), now.month()** 등은 now에 저장된 값들이다.

- **(now.unixtime());** 1970년 1월 1일 unix 시계가 시작한 시간부터 지금까지의 시간을 초 단위로.

- **(now.unixtime() / 86400L);** 하루는 86400초이다.

- **DateTime future (now.unixtime() + 7 * 86400L + 30);** DateTime 함수를 사용할 이름을 future 로 명명 하고 unixtime 에 7일 30초 앞선 미래 시간으로 만든다.

하드웨어

RTC의 SDA는 아날로그 핀 A4에, SCL는 아날로그 핀 A5에 연결하면 된다.

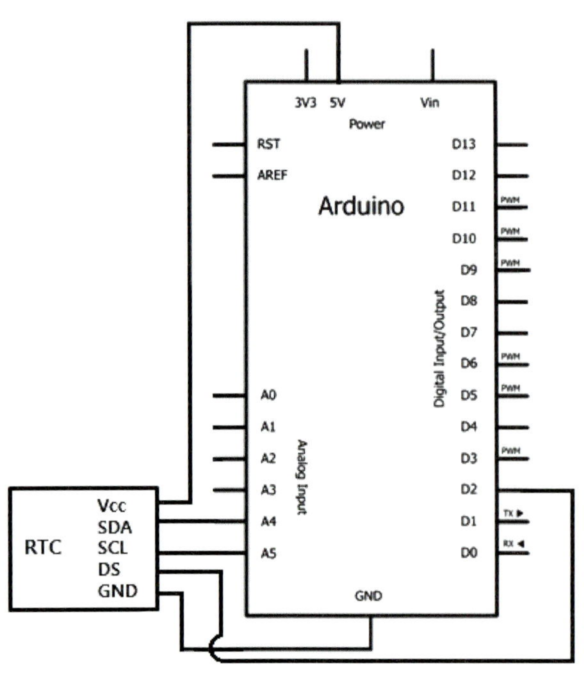

스케치를 컴파일하고, 업로드하면 다음과 같이 시리얼 모니터에 시간이 프린트된다.

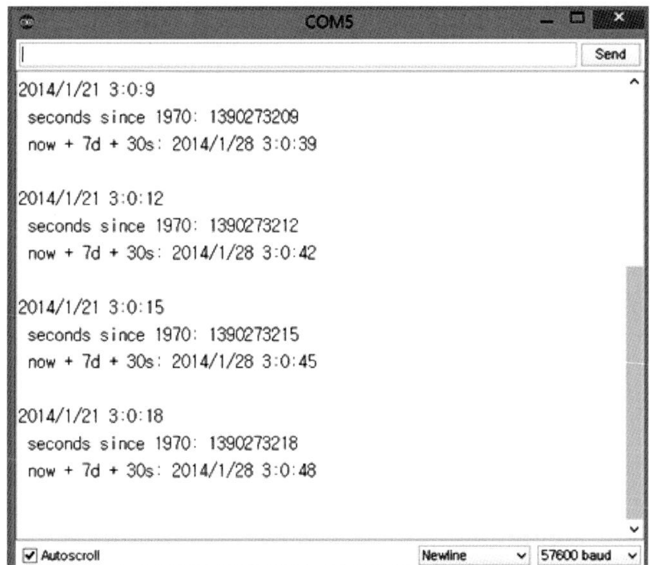

RTC 시간과 데이터를 SD 카드에 저장하기

앞에 있는 RTC 스케치와 SD 카드에 데이터를 저장하는 스케치를 합하는 프로젝트이다.

준비물
- 아두이노 우노, 브래드 보드 각 1개
- SD 카드 어뎁터 1개
- RTC 모듈, 포토레지스터, 써미스터 각 1개
- 1K 옴 저항 2개, 점퍼선 다수

 스케치

아날로그 핀 A0에서 포토레지스터, A1에서 써미스터 데이터를 읽고 그때 시간을 함께 저장하는 프로젝트이다. SD 카드는 아두이노와 SPI 통신을 하며 우노인 경우 핀 11번은 MOSI, 12번은 MISO, 13 번은 SCK, 10번은 CS 로 지정되어 있다. RTC는 아두이노와 I2C 통신을 한다. 우노인 경우 A5는 SCL이고 A4는 SDA이다.

```
#include <SD.h>
#include <Wire.h>
#include "RTClib.h"

RTC_DS1307 rtc;
const int chipSelect = 10 ;

 void setup() {
Serial.begin(9600) ;
Wire.begin() ;
rtc.begin() ;
rtc.adjust(DateTime(__DATE__, __TIME__)) ;
Serial.print("Initializing SD ") ;
pinMode(10, OUTPUT) ;
if (!SD.begin(chipSelect)) {
Serial.print("Card fail, or not present") ;
return ;
}
```

```cpp
Serial.println("Card Initialized") ;
}

void loop() {
 DateTime now = rtc.now() ;
 String dataString ="";
 for (int analogPin = 0; analogPin < 2 ; analogPin++ ) {
   int sensor = analogRead(analogPin) ;
   dataString += String(sensor) ;
   if (analogPin < 1) {
       dataString +=",";
   }
}
File dataFile = SD.open("datalog.txt", FILE_WRITE ) ;
if (dataFile) {
print_time(now, dataFile) ;
dataFile.println(dataString) ;
dataFile.close() ;
Serial.println(dataString) ;
}
else {
   Serial.println("error opening datalog.txt") ;
   }
   delay(3000) ;
}

void print_time(DateTime capture_time, File file)
{
  file.print(capture_time.year( ), DEC) ;
  file.print("/") ;
file.print(capture_time.month( ), DEC) ;
  file.print("/") ;
file.print(capture_time.day( ), DEC) ;
  file.print("") ;
file.print(capture_time.hour( ), DEC) ;
  file.print(":") ;
file.print(capture_time.minute( ), DEC) ;
  file.print(":") ;
file.print(capture_time.second( ), DEC) ;
  file.print(":") ;
}
```

스케치 분석

- **#include <SD.h>** SD 카드 라이브러리를 불러와 SPI 통신을 할 수 있게 한다.
- **#include <Wire.h>** I2C 라이브러리를 불러온다. RTC에서 사용.
- **#include "RTClib.h"** RTC 라이브러리를 불러온다.
- **rtc.adjust(DateTime(__DATE__, __TIME__));** PC에서 시각을 가져온다.
- **void print_time(DateTime capture_time, File file);** 시간을 SD에 저장하기. 본 스케치에서 만든 함수이다.

 ## 하드웨어

SD 카드는 SPI 통신 컨넥션을

MOSI는 11번	MISO는 12번	VCC는 5V
CLK는 13번	SS는 10번	GND는 GND

RTC는 I2C(TWI) 통신 컨넥션으로 연결한다.

SDA는 A4	DS는 D2	VCC는 5V
SCL는 A5		GND는 GND

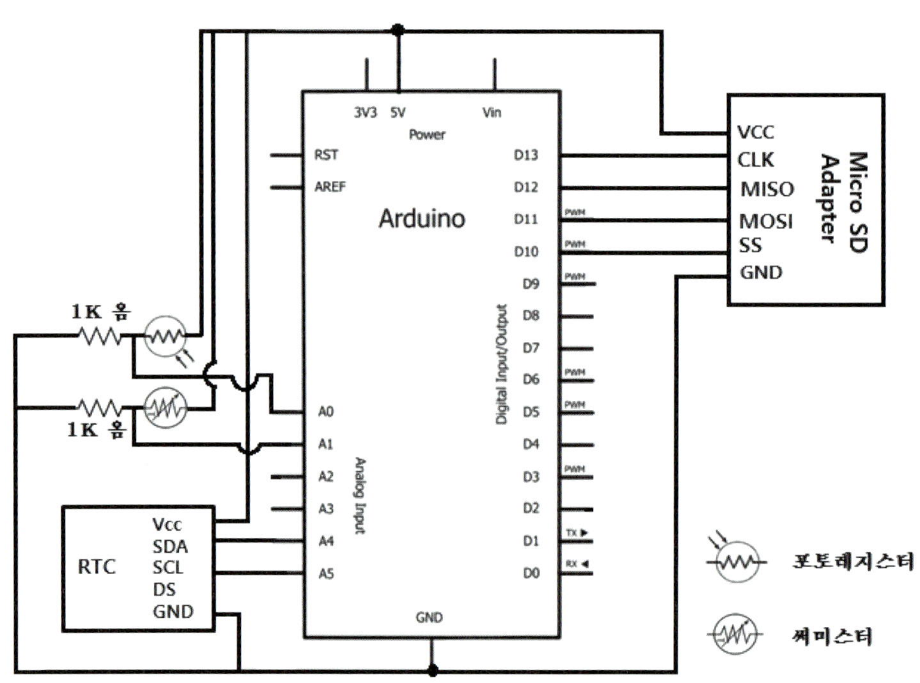

GPS로 정확한 위치 파악하기

GPS는 자동차 내비게이션, 항공기 항법장치, 스마트
폰 위치추적을 비롯한 여러 기기에 사용되는 유용한
부품이다. GPS 모듈과 아두이노만 있으면 독자도 쉽
게 나만의 위치 확인 장치를 만들 수 있다. 프로젝트
는 국내에 있는 우리로봇기술의 UST-SNR-GPS 모듈을
사용하였다.

GPS 모듈은 UART 통신을 하기 때문에 SoftwareSerial
을 이용하여 디지털 핀을 통신핀으로 전환시켜 활용
하기로 한다.

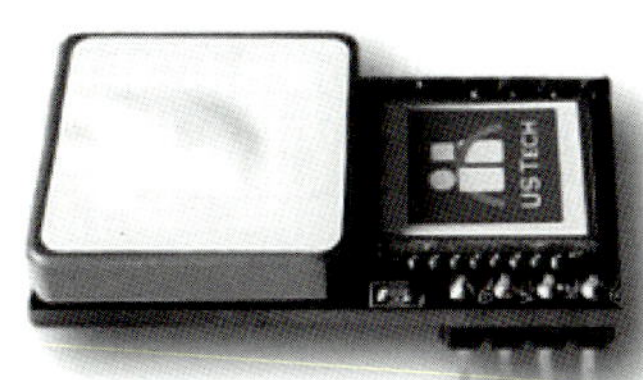

준비물 ■ 아두이노 우노 보드 1개,
　　　　 브레드 보드 1개
■ GPS 모듈 1개
■ 점퍼 케이블 다수
■ TinyGPS 라이브러리 다운로드

라이브러리를 다운로드하기 위해 https://github.com/mikalhart/TinyGPS를 방문한다. ZIP파일 압축
을 풀고, 이름을 IDE에서 읽을 수 있는 TinyGPS으로 수정하고, Arduino의 libraries 파일 안에 가져다
놓으면 된다.

스케치

아두이노 IDE를 다시 시작하고 [파일] ⇒ [예제] ⇒ [TinyGPS] ⇒ [simple_test] 스케치를 오픈한다. 예제 스케치
에서 몇 곳을 수정했다.

프로젝트에서 사용하는 GPS의 baud rate는 9600이다. 따라서 스케치에 있는 ss.begin(4800)을 ss.begin(9600)
으로 수정해야 한다. 또 시리얼 모니터를 오픈했을 때 baud를 115200으로 맞추어 주어야 한다. 이유는 스케치
에서 보내는 속도로 시리얼 모니터가 받아주어야 하기 때문이다. setup( )에서 Serial.begin(115200)을 확인할
수 있다.

GPS UART와 스케치 다운로드 하는 UART와 충돌을 피하기 위하여 SoftwareSerial 라이브러리를 사용하고 있다.

```cpp
// simple_test  Arduino TinyGPS Example

#include <SoftwareSerial.h>
#include <TinyGPS.h>

TinyGPS gps;
SoftwareSerial ss(4, 3);

void setup()
{
  Serial.begin(115200);
  ss.begin(9600);

Serial.print("Simple TinyGPS library v. ");
Serial.println(TinyGPS::library_version());
  Serial.println("by Mikal Hart");
  Serial.println();
}

void loop()
{
  bool newData = false;
  unsigned long chars;
  unsigned short sentences, failed;

  // For one second we parse GPS data and report some key values
  for (unsigned long start = millis(); millis() - start < 1000;)
  {
    while (ss.available())
    {
      char c = ss.read();

      if (gps.encode(c)) // Did a new valid sentence come in?
        newData = true;
    }
  }

  if (newData)
  {
    float flat, flon;
    unsigned long age;
    gps.f_get_position(&flat, &flon, &age);
```

```
  Serial.print("LAT=");
  Serial.print(flat == TinyGPS::GPS_INVALID_F_ANGLE ? 0.0 : flat, 6);
  Serial.print(" LON=");
  Serial.print(flon == TinyGPS::GPS_INVALID_F_ANGLE ? 0.0 : flon, 6);
  Serial.print(" SAT=");
    Serial.print(gps.satellites() == TinyGPS::GPS_INVALID_SATELLITES ? 0 :
gps.satellites());
  Serial.print(" PREC=");
  Serial.print(gps.hdop() == TinyGPS::GPS_INVALID_HDOP ? 0 : gps.hdop());
 }

  gps.stats(&chars, &sentences, &failed);
  Serial.print(" CHARS=");
  Serial.print(chars);
  Serial.print(" SENTENCES=");
  Serial.print(sentences);
  Serial.print(" CSUM ERR=");
  Serial.println(failed);
  if (chars == 0)
    Serial.println("** No characters received from GPS: check wiring **");
}
```

스케치 분석

■ **#include <SoftwareSerial.h>** 소프트웨어 시리얼 라이브러리를 사용하였다.

■ **#include <TinyGPS.h>** GPS 라이브러리를 불러온다.

■ **SoftwareSerial ss(4, 3);** 소프트웨어로 디지털 핀 4번과 3번을 시리얼 포트 핀으로 지정한다.

■ **Serial.begin(115200);** 하드웨어 시리얼통신 속도를 115200으로 지정.

■ **ss.begin(9600);** 소프트웨어 시리얼 통신 속도를 9600으로 지정(칩 dependent).

■ **while (ss.available());** 소프트웨어 시리얼에 데이터가 도착했으면,

■ **char c = ss.read();** 소프트웨어 핀에 도착한 데이터를 읽는다.

■ **if (gps.encode(c));** 새로운 데이터가 도착했는가?

■ **gps.f_get_position(&flat, &flon, &age);** 위도와 경도를 포함한 모든 데이터를 가져온다. &flat하면 flat 주소에 있는 내용물(숫자)을 가져오라는 뜻이다.

데이터 시트 자료

No	PIN NAME	I/O	Description
1	GND	-	Power ground
2	VCC	-	Power input(3.3V or 5.0V)
3	NC	-	Not connected
4	/RST	I	Reset(active low)
5	NC	-	Not connected
6	NC	-	Not connected
7	TXD	O	Transfer data
8	RXD	I	Receive data

GPS	아두이노
1: GND	GND
2: Vcc	5V
7: Tx	디지털 4번 핀(Rx)
8: Rx	디지털 3번 핀(Tx)

이 프로젝트는 GPS에서 데이터를 보내기만 하기 때문에 사실 8번 Rx 핀은 역할이 없다.

신호는 GPS 7번인 Tx 핀에서 아두이노 핀 4번으로 전달된다.

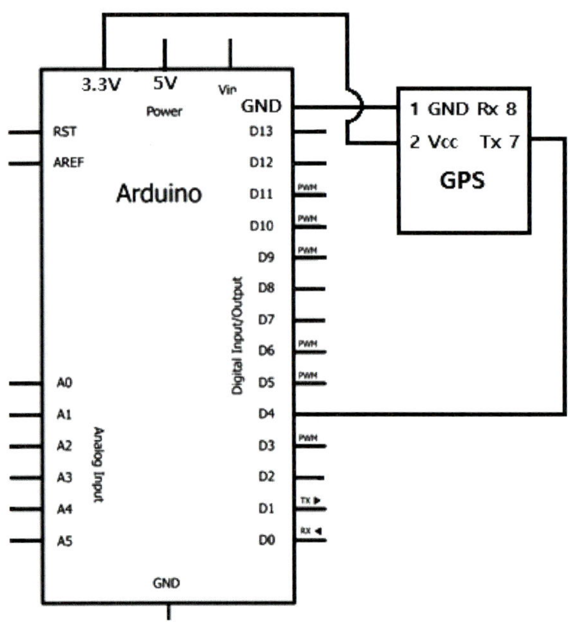

스케치를 컴파일하고 업로드하면 시리얼 모니터에 위도(latitude)와 경도(Longitude)가 나온다.

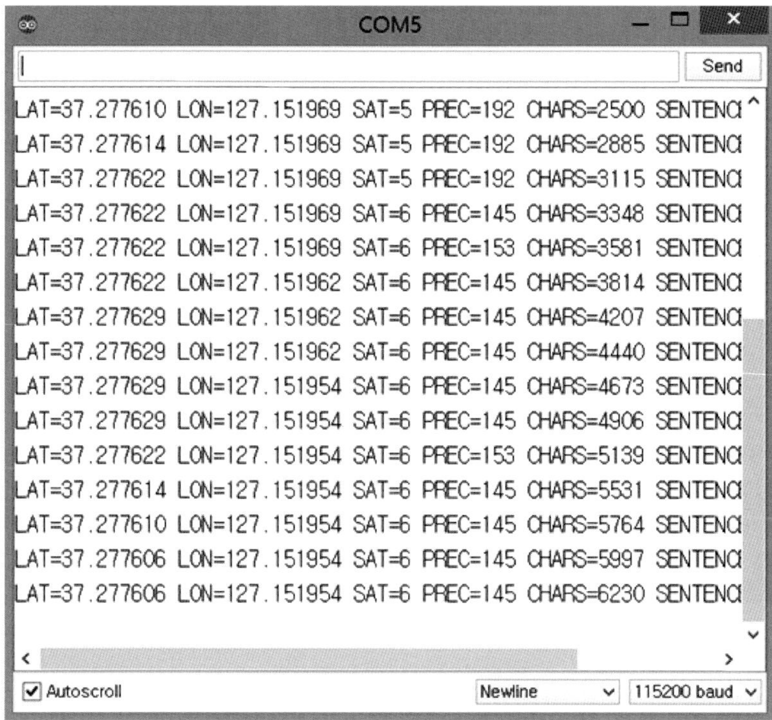

구글에서 위도와 경도를 입력하여 위치를 찾으면 정확하게 측정한 장소가 지도에 나타난다.

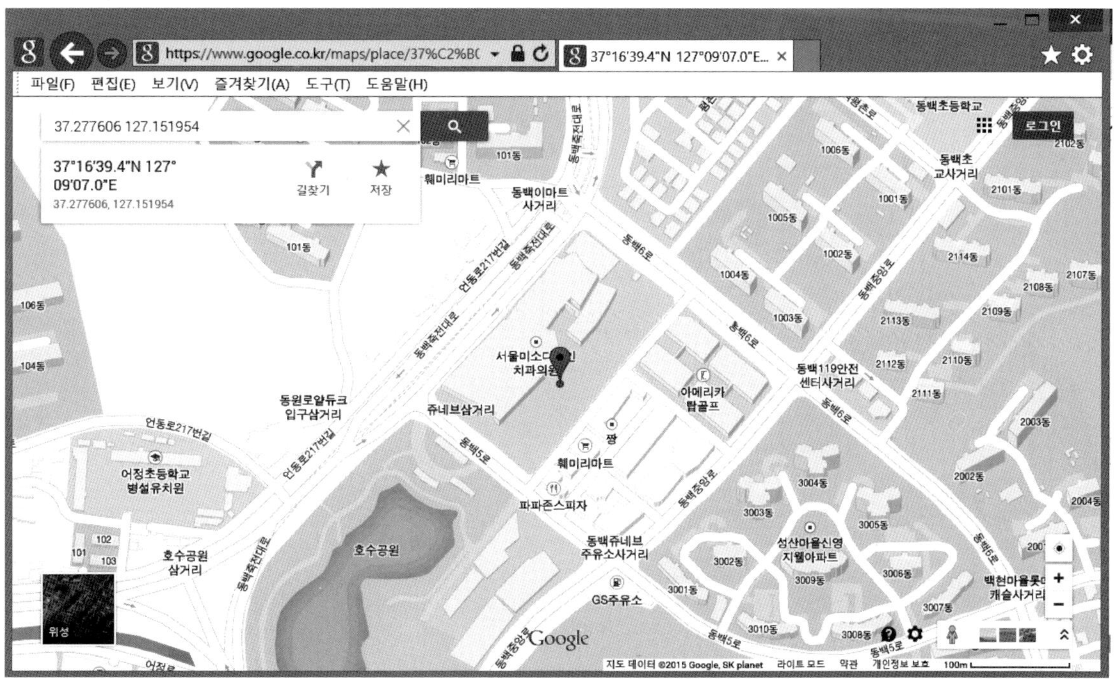

스마트폰에도 위도와 경도를 입력해 보았다.

정확한 GPS 시계

앞에 있는 스케치를 수정하여 GPS에서 받는 시간을 시리얼 모니터에 프린트 하는 프로젝트이다. 수백, 수천만 원 호가하는 시계보다 가장 정확한 시계는 위성에서 받는 GPS 시계이다. GPS는 국내 우리로봇기술에서 만드는 UST-SNR-GPS 모듈을 사용하였다. SoftwareSerial 라이브러리를 활용하여 디지털 핀을 UART 핀으로 전환시켜 사용한다.

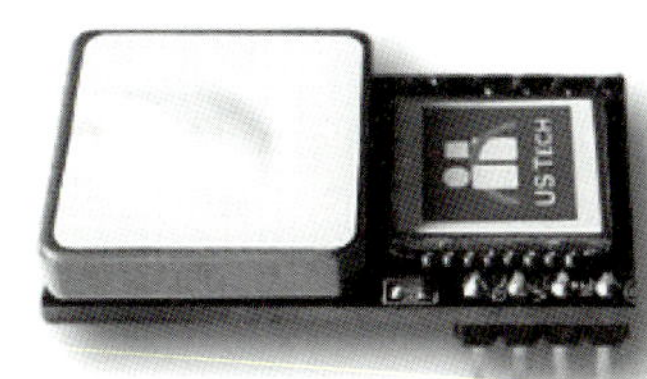

준비물 ■ 아두이노 우노 보드 1개, 브레드 보드 1개
■ GPS 모듈 1개
■ 점퍼 케이블 다수
■ TinyGPS 라이브러리 다운로드

스케치

앞에서 사용한 스케치와 같다. 단, 시간 호출하는 라인들만 더 추가되었다.

앞 프로젝트에서 TinyGPS 라이브러리를 다운받아 놓지 않았다면 라이브러리를 다운로드 하기 위하여 https://github.com/mikalhart/TinyGPS를 방문한다. ZIP 파일 압축을 풀고, 이름을 IDE에서 읽을 수 있는 TinyGPS으로 수정하고, Arduino의 libraries 파일에 갖다 놓는다. (이미 앞 프로젝트에서 수행했다면 skip.)

아두이노 IDE를 다시 시작하고 [파일] ⇒ [예제] ⇒ [TinyGPS] ⇒ [simple_test] 스케치를 오픈한다. 예제 스케치에서 몇 곳을 수정한다.

프로젝트에서 사용하는 GPS의 baud rate는 9600이다. 따라서 스케치에 있는 ss.begin(4800)을 ss.begin(9600)으로 수정해야 한다. 또 시리얼 모니터를 오픈했을 때 baud를 115200으로 맞추어 주어야 한다. 이유는 스케치에 보내는 속도와 모니터에서 받는 속도가 같아야 한다. setup( )에서 Serial.begin(115200)을 확인할 수 있다.

```
// GPS_time
#include <SoftwareSerial.h>

#include <TinyGPS.h>
```

```cpp
/* This sample code demonstrates the normal use of a TinyGPS object.
   It requires the use of SoftwareSerial, and assumes that you have a
   4800-baud serial GPS device hooked up on pins 4(rx) and 3(tx).
*/

TinyGPS gps;
SoftwareSerial ss(4, 3);

void setup()
{
  Serial.begin(115200);
  ss.begin(9600);

  Serial.print("Simple TinyGPS library v. ");
  Serial.println(TinyGPS::library_version());
  Serial.println("by Mikal Hart");
  Serial.println();
}

void loop()
{
  bool newData = false;
  unsigned long chars;
  unsigned short sentences, failed;

  // For one second we parse GPS data and report some key values
  for (unsigned long start = millis(); millis() - start < 1000;)
  {
    while (ss.available())
    {
      char c = ss.read();
      // Serial.write(c); // uncomment this line if you want to see the GPS data flowing
      if (gps.encode(c)) // Did a new valid sentence come in?
        newData = true;
    }
  }

  if (newData)
  {
    float flat, flon;
    unsigned long age;
    gps.f_get_position(&flat, &flon, &age);
```

```cpp
  Serial.print("LAT=");
  Serial.print(flat == TinyGPS::GPS_INVALID_F_ANGLE ? 0.0 : flat, 6);
  Serial.print(" LON=");
  Serial.print(flon == TinyGPS::GPS_INVALID_F_ANGLE ? 0.0 : flon, 6);
  Serial.print(" SAT=");
   Serial.print(gps.satellites() == TinyGPS::GPS_INVALID_SATELLITES ? 0 :
gps.satellites());
  Serial.print(" PREC=");
  Serial.print(gps.hdop() == TinyGPS::GPS_INVALID_HDOP ? 0 : gps.hdop());
}


 //----------------------------------------------------------------------------//
  int year;
 byte month, day, hour, minute, second, hundredths;
// decode and display time data
  gps.crack_datetime(&year,&month,&day,&hour,&minute,&second,&hundredths);
  // correct for your time zone as in Project #45
  hour=hour+9;
  if (hour>23)
  {
    hour=hour-24;
  }
  if (hour<10)
  {
    Serial.print("0");
  }
  Serial.print(" Time= ");
  Serial.print(hour, DEC);
  Serial.print(":");
  if (minute<10)
  {
  Serial.print("0");
  }
  Serial.print(minute, DEC);
  Serial.print(":");
  if (second<10)
  {
    Serial.print("0");
  }
  Serial.print(second, DEC);
  Serial.print(" ");
```

```
//----------------------------------------------------------------//

  gps.stats(&chars, &sentences, &failed);
  Serial.print(" CHARS=");
  Serial.print(chars);
  Serial.print(" SENTENCES=");
  Serial.print(sentences);
  Serial.print(" CSUM ERR=");
  Serial.println(failed);
  if (chars == 0)
    Serial.println("** No characters received from GPS: check wiring **");
}
```

스케치 분석

■ **#include <SoftwareSerial.h>** 소프트웨어시리얼 라이브러리를 부른다.

■ **#include <TinyGPS.h>** GPS 라이브러리를 호출한다.

■ **SoftwareSerial ss(4, 3);** 소프트웨어로 디지털 핀 4번과 3번을 시리얼 포트 핀으로 지정.

■ **Serial.begin(115200);** 하드웨어 시리얼통신 속도를 115200으로 지정.

■ **ss.begin(9600);** 소프트웨어 시리얼 통신 속도를 9600으로 지정(칩 dependent).

■ **while (ss.available());** 소프트웨어 시리얼에 데이터가 도착했으면,

■ **char c = ss.read();** 소프트웨어 핀에 도착한 데이터를 읽고 c에 저장한다.

■ **if (gps.encode(c));** 새로운 데이터가 도착했는가?

■ **gps.f_get_position(&flat, &flon, &age);** 위도와 경도를 포함한 모든 데이터를 가져온다.

■ **gps.crack_datetime(&year,&month,&day,&hour,&minute,&second,&hundredths);**

gps.crack_datetime( )는 년, 월, 일, 시를 비롯한 현재 시각을 불러 온다.

데이터 시트 자료

No	PIN NAME	I/O	Description
1	GND	-	Power ground
2	VCC	-	Power input(3.3V or 5.0V)
3	NC	-	Not connected
4	/RST	I	Reset(active low)
5	NC	-	Not connected
6	NC	-	Not connected
7	TXD	O	Transfer data
8	RXD	I	Receive data

GPS	아두이노
1: GND	GND
2: Vcc	5V
7: Tx	디지털 4번 핀(Rx)
8: Rx	디지털 3번 핀(Tx)

신호는 GPS 7번인 Tx 핀에서 아두이노 핀 4번으로 전달된다.

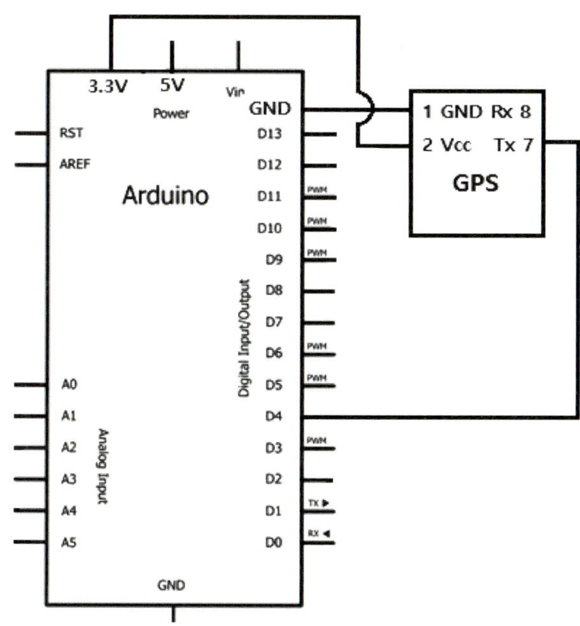

스케치를 컴파일하고 업로드하면, GPS는 위성에서 받은 정확한 현재 시간을 프린트한다.

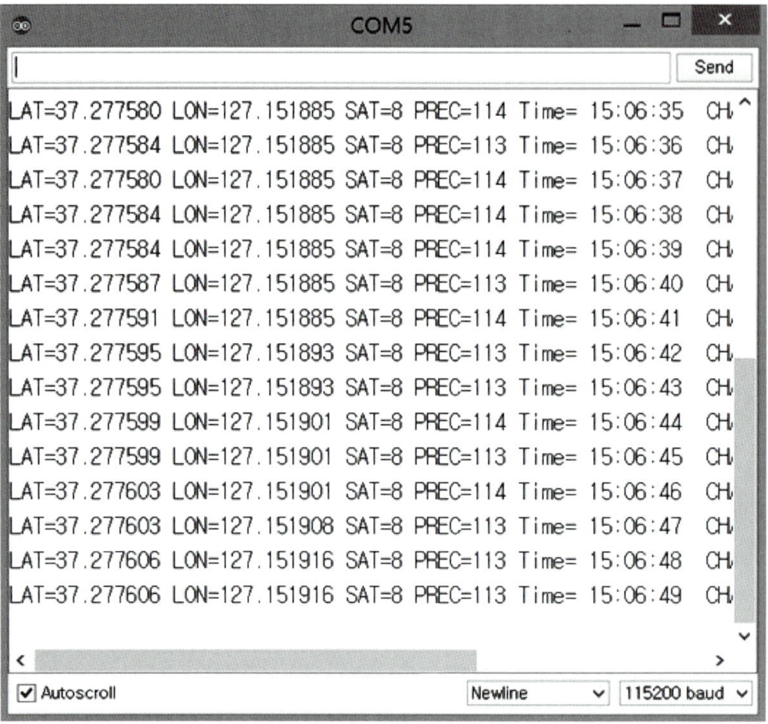

GPS 위치 LCD에 표시하기

앞에 있는 GPS 프로젝트 결과를 LCD에 표시하는 프로젝트이다.

준비물
- 아두이노 보드 1개
- LCD 16X2 1 개
- GPS 모듈 1개

스케치

디지털 4번 핀을 LCD에서 사용하고 GPS는 UART 통신(디지털 0번과 1번 사용) 하는 것으로 스케치가 작성되었다. 스케치를 업로드 할 때 반드시 우노와 GPS 사이 연결을 풀어야 한다.

```
//GPS_LCD Shield
// necessary libraries
#include <TinyGPS.h>
#include <LiquidCrystal.h>

// initialize the LiquidCrystal library with the numbers of the interface pins
LiquidCrystal lcd(12, 11, 5, 4, 2, 3);

// Create an instance of the TinyGPS object
TinyGPS gps;

// This is where you declare prototypes for the functions that will be
// using the TinyGPS library.
void getgps(TinyGPS &gps);

void setup()
{
  Serial.begin(4800);
  // set up the LCD's number of rows and columns:
  lcd.begin(20, 4);
  lcd.clear();
  lcd.setCursor(2,1);
  lcd.print("* My First GPS *");
```

```cpp
  lcd.setCursor(3,2);
  lcd.print("tronixstuff.com");
  delay(5000);
  lcd.clear();
  lcd.setCursor(2,1);
  lcd.print("Waiting for lock");
}

// The getgps function will get and print the values we want.
void getgps(TinyGPS &gps)
{
  // Define the variables that will be used
  float latitude, longitude;
  // Then call this function
  gps.f_get_position(&latitude, &longitude);
  // clear LCD
  lcd.clear();
  lcd.setCursor(0,0);
  lcd.print("Lat: ");
  lcd.print(latitude,5);
  lcd.setCursor(0,1);
  lcd.print("Long: ");
  lcd.print(longitude,5);
  // Same goes for date and time
  int year;
  byte month, day, hour, minute, second, hundredths;
  gps.crack_datetime(&year,&month,&day,&hour,&minute,&second,&hundredths);
  // Print data and time
  lcd.setCursor(1,2);
  lcd.print(hour, DEC);
  lcd.print(":");
  if (minute<10)
  {
    lcd.print("0");
    lcd.print(minute, DEC);
  }
  else if (minute>=10)
  {
    lcd.print(minute, DEC);
  }
  lcd.print(":");
  if (second<10)
  {
    lcd.print("0");
    lcd.print(second, DEC);
```

```
    }
    else if (second>=10)
    {
      lcd.print(second, DEC);
    }
    lcd.print(" ");
    lcd.print(day, DEC);
    lcd.print("/");
    lcd.print(month, DEC);
    lcd.print("/");
    lcd.print(year, DEC);
    lcd.setCursor(0,3);
    lcd.print(gps.f_altitude());
    lcd.print("m ");
    lcd.print(gps.f_speed_kmph());
    lcd.print("km/h");

    /* You can also have course, but I couldn't fit it on the LCD
    lcd.print("Course (degrees): "); lcd.println(gps.f_course());
    */
}

void loop()
{
  byte a;
  if ( Serial.available() > 0 ) // if there is data coming into the serial line
  {
    a = Serial.read(); // get the byte of data
    if(gps.encode(a)) // if there is valid GPS data...
    {
      getgps(gps); // then grab the data and display it on the LCD
    }
  }
}
```

스케치 분석

■ **#include <TinyGPS.h>** GPS 라이브러리를 이미 설치하였으면 그대로 사용하면 되지만, 없다면 라이브러리를 다운해서 설치해야 한다. https://github.com/mikalhart/TinyGPS를 방문하여 다운로드 받고, ZIP파일 압축을 풀어, 이름을 IDE에서 읽을 수 있는 TinyGPS으로 수정하여, Arduino의 libraries 파일 안에 갖다 놓는다.

■ **#include <LiquidCrystal.h>** 기본 IDE에 있는 라이브러리 LiquidCrystal을 사용하기 때문에 다운할

필요 없다.

- **LiquidCrystal lcd(12, 11, 5, 4, 3, 2);** LiquidCrystal 라이브러리에서 함수를 사용하는데 이름은 lcd 이고 괄호 안에 있는 파라미터들은 사용하는 핀 번호들이다. 처음에 나오는 파라미터는 스크린 리셋 핀 이고, 두 번째 파라미터는 enable 핀이다. 다음 4개의 파라미터가 4비트 데이터용 핀들이다. LCD는 한 번에 4비트씩 작업하기 때문임.
- **TinyGPS gps;** 라이브러리 함수를 사용할 때, gps라는 이름을 사용한다고 작명한 것임.
- **lcd.begin(16, 2);** setup( )에서 16행 2열 LCD를 사용하는 것으로 했다. 다른 LCD 패널을 사용한다면 맞는 파라미터로 수정해 주어야 한다.
- **lcd.setCursor(0, 1);** 다음 프린트 시작할 위치에 커서를 위치시킨다, 0번 행(첫줄) 2번 열.

하드웨어

GPS와 LCD는 아두이노와 아래와 같이 연결되어야 한다.

LCD	아두이노	LCD	아두이노
Lcd Pin 1(Vss)	GND	Lcd Pin 6(E)	디지털 핀 11번
Lcd Pin 2(Vdd)	+5V	Lcd Pin 11(D4)	디지털 핀 5번
Lcd Pin 3(Ve)	가변 저항 중간 핀	Lcd Pin 12(D5)	디지털 핀 4번
Lcd Pin 4(Rs)	디지털 핀 12 번	Lcd Pin 13(D6)	디지털 핀 3번
Lcd Pin 5(Rw)	GND	Lcd Pin 14(D7)	디지털 핀 2번

가변 저항의 끝 리드는 각기 5V와 GND와 연결된다.

가변 저항은 LCD 백라이트 조명의 밝기를 컨트롤하기 위한 용도이다.

데이터 시트 자료

No	PIN NAME	I/O	Description
1	GND	–	Power ground
2	VCC	–	Power input(3.3V or 5.0V)
3	NC	–	Not connected
4	/RST	I	Reset(active low)
5	NC	–	Not connected
6	NC	–	Not connected
7	TXD	O	Transfer data
8	RXD	I	Receive data

GPS

```
1       8
2       7
3       6
4       5
```


57

GPS	아두이노
1: GND	GND
2: Vcc	5V
7: Tx	디지털 0번 핀(Rx)

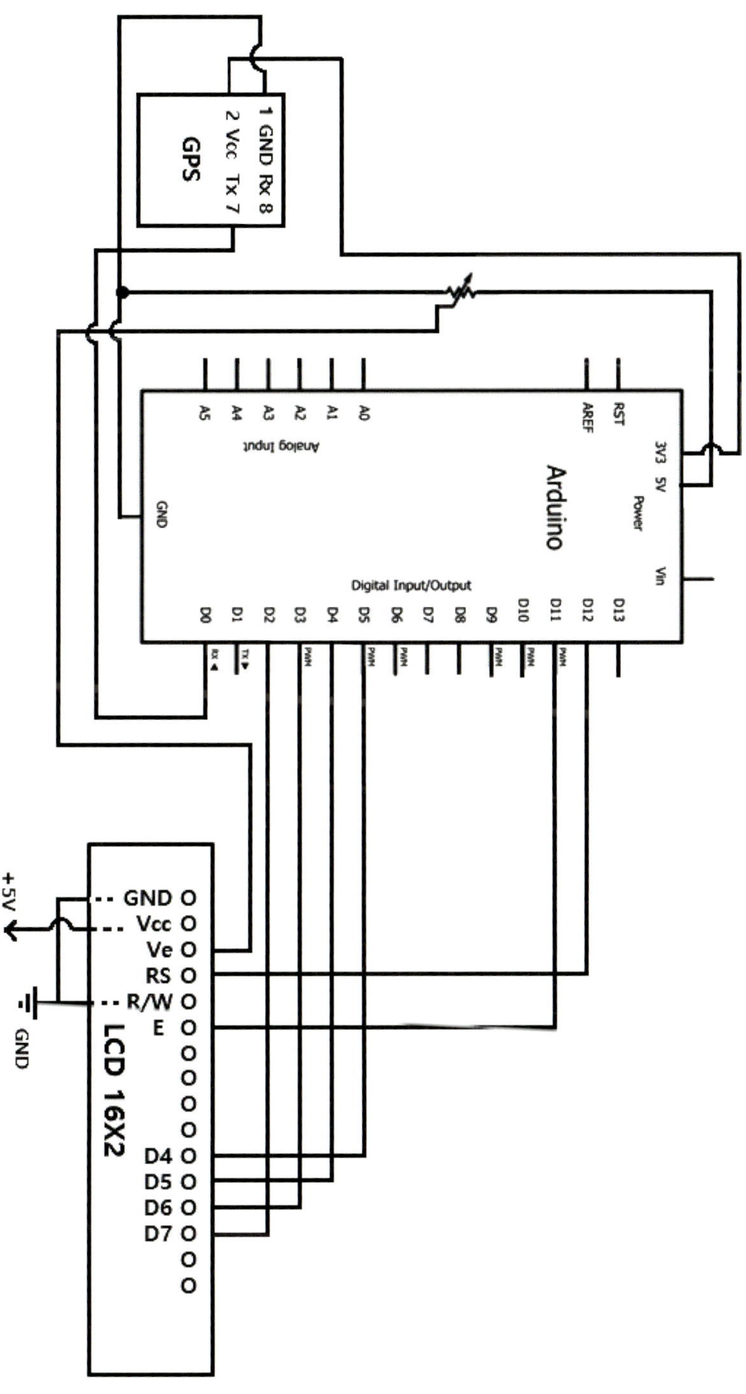

GPS 데이터 Micro SD에 저장하기

GPS 프로젝트와 SD 카드에 저장하기를 합하는 프로젝트이다.

준비물
- 아두이노 우노, 브레드 보드 각 1개
- GPS 센서, SD 카드 어댑터 각 1개

GPS 라이브러리를 이전 프로젝트에서 설치하지 않았다면 https://github.com/mikalhart/TinyGPS를 방문하여 다운로드 받고 ZIP파일 압축을 풀어, 이름을 IDE에서 읽을 수 있는 TinyGPS로 수정하여, Arduino의 libraries 파일 안에 위치시킨다.

GPS는 아두이노와 UART 통신을 하는 센서이다. 업로드할 때 반드시 아두이노와 연결을 해제하여야 한다. SD는 아두이노와 SPI 통신으로 데이터를 주고 받는다.

스케치

```
// GPS and Micro SD

#include <SD.h>
#include <TinyGPS.h>

// Create an instance of the TinyGPS object
TinyGPS gps;

void setup()
{
  pinMode(10, OUTPUT);
  Serial.begin(9600);
  // check that the microSD card exists and can be used v
  if (!SD.begin(10)) {
    Serial.println("Card failed, or not present");
    return;
  }
```

```cpp
  Serial.println("microSD card is ready");
}

void getgps(TinyGPS &gps)
{
  float latitude, longitude;
  int year;
  byte month, day, hour, minute, second, hundredths;

  //decode and display position data
  gps.f_get_position(&latitude, &longitude);
  File dataFile = SD.open("DATA.TXT", FILE_WRITE);
  // if the file is ready, write to it
  if (dataFile)
  {
    dataFile.print("Lat: ");
    dataFile.print(latitude,5);
    dataFile.print(" ");
    dataFile.print("Long: ");
    dataFile.print(longitude,5);
    dataFile.print(" ");
    // decode and display time data
    gps.crack_datetime(&year,&month,&day,&hour,&minute,&second,&hundredths);
    // correct for your time zone as in Project #45
    hour=hour+11;
    if (hour>23)
    {
      hour=hour-24;
    }
   if (hour<10)
    {
      dataFile.print("0");
    }
    dataFile.print(hour, DEC);
    dataFile.print(":");
    if (minute<10)
    {
      dataFile.print("0");
    }
    dataFile.print(minute, DEC);
    dataFile.print(":");
    if (second<10)
```

```
  {
    dataFile.print("0");
  }
  dataFile.print(second, DEC);
  dataFile.print(" ");
  dataFile.print(gps.f_speed_kmph());
  dataFile.println("km/h");
  dataFile.close(); // this is mandatory
  delay(30000); // record a measurement about every 30 seconds
  }
}

void loop()
{
  byte a;
  if ( Serial.available() > 0 )  // if there is data coming into the serial line
  {
   a = Serial.read();         // get the byte of data
   if (gps.encode(a) )          // if there is valid GPS data...
   {
     getgps(gps);             // grab the data and display it on the LCD
   }
  }
}
```

스케치 분석

■ **#include <SD.h>와 #include <TinyGPS.h>** SD와 GPS 라이브러리를 사용하기 위한 명령어이다.

■ **TinyGPS gps** 라이브러리 함수를 사용하기 위하여 임의로 gps란 이름을 작명해 주었다.

■ **SD.h** IDE에 기본으로 장착된 라이브러리이어서 gps와 같이 오브젝트 파일을 만들 필요가 없다.

■ **if (!SD.begin(10));** 느낌표 !는 not(아니다)라는 뜻이다. 10은 SPI 통신에서 CS(Chip Select)에 연결된 10번 디지털 핀을 가리키는 것이다. if (!SD.begin(10))은 '10번 핀에 연결된 슬레이브인 SD가 작동을 한 다가 아니면(if)' 인 뜻이다.

■ **gps.f_get_position(&latitude, &longitude);** 라이브러리 함수이며 위도와 경도를 가져온다.

■ **File dataFile = SD.open("DATA.TXT", FILE_WRITE);** (파일 이름, 데이터 작성)을 하라는 라이 브러리 함수이다. 함수 사용 후에 반드시 열린 문을 dataFile.close( )로 닫아 주어야 한다.

■ GPS는 시리얼 통신을 사용하고 있다. **a = Serial.read( )**는 시리얼 포트에 들어온 값을 읽어 a에 저장한 다. a에 있는 값에 해당하는 gps 데이터 값을 찾는 함수는 gps.encode(a)이다.

데이터 시트 자료

GPS

No	PIN NAME	I/O	Description
1	GND	-	Power ground
2	VCC	-	Power input(3.3V or 5.0V)
3	NC	-	Not connected
4	/RST	I	Reset(active low)
5	NC	-	Not connected
6	NC	-	Not connected
7	TXD	O	Transfer data
8	RXD	I	Receive data

GPS	아두이노
1: GND	GND
2: Vcc	5V
7: Tx	디지털 0번 핀(Rx)

SD 카드	아두이노
CS	D10
MOSI	D11
MISO	D12
SCK	D13

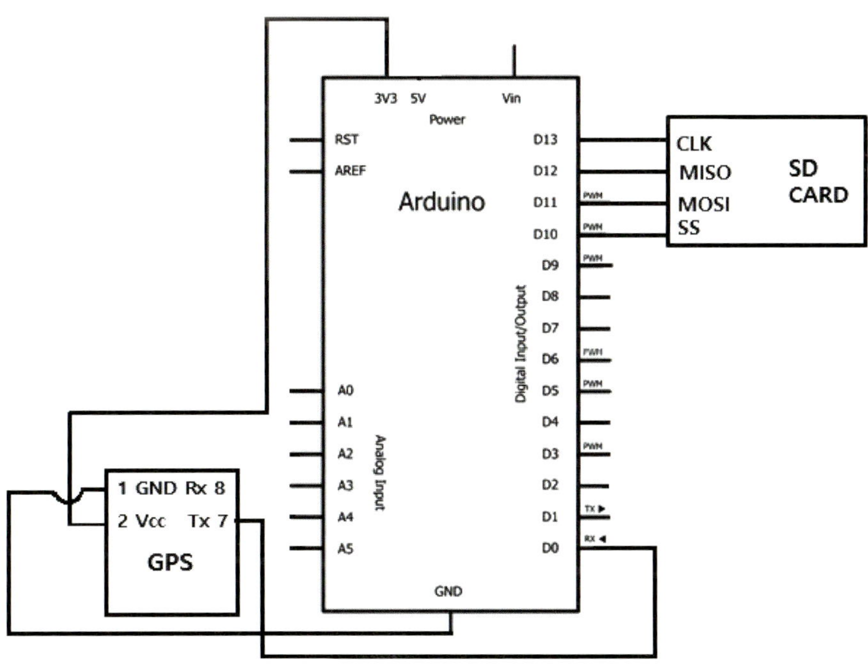

7 시프트 레지스터(Shift Register)로 여러 개 LED ON/OFF 시키기

아두이노의 강점은 입출력 능력이다. 아두이노 우노는 사용할 수 있는 디지털 핀이 12개이다. 시프트 레지스터라는 IC를 사용하면 우노에서 사용할 수 있는 디지털 핀 수를 증가시킬 수 있다. 디지털 핀 이 많이 요구되는 다수의 LED 동시 컨트롤, 7 세그먼트 컨트롤 등에 매우 유용하게 활용할 수 있다.

준비물
- 아두이노 우노, 브레드 보드 각 1개
- 74HC595 시프트 레지스터 1개
- LED, 220 옴 저항 각 8개

한 개의 74HC595 시프트 레지스터로 8개의 디지털 입출력 핀을 만들 수 있다. 아래 시프트 레지스터 의 Q0~Q7이 디지털 출력 핀이다.

아두이노에서 보내는 디지털 값(1 또는 0)은 14번 핀인 DS 핀을 통해 시프트 레지스터에 들어온다. 데이터가 들어 올 때 한 개씩 들어 와야 하기 때문에 문지기 역할을 하는 핀과 데이터를 이동시키는 핀이 있는데 12번(latch)과 11번(clock) 핀이다.

래치(latch)는 1개 비트 정보를 보관한다는 뜻이다. 디지털시계(clock)의 펄스( )에 따라 들어오는 데 이터를 잠시 보관하는 곳이다. clock 신호에 따라 데이터를 다음 칸으로 이동시킨다.

74HC595

핀	신호		신호	핀	
1	Q1		V$_{CC}$	16	+5V
2	Q2		Q0	15	
3	Q3		DS	14	digital pin (data)
4	Q4		$\overline{OE}$	13	
5	Q5		ST_CP	12	digital pin (latch)
6	Q6		SH_CP	11	digital pin (clock)
7	Q7		$\overline{MR}$	10	
8	GND	GND	Q7'	9	

DS(핀14)는 1비트씩 데이터가 들어오는 핀이다.

Q0~Q7(핀 1~7, 15)는 디지털 출력(OUTPUT) 핀이다.

Q7´(핀 9)는 비트 Q0~Q7 방이 다 채워져서 밀려 나오는 데이터를 외부로 방출하는 핀이다.(추가로 시프트 레지스터를 더 연결해서 사용할 때 유용하다.)

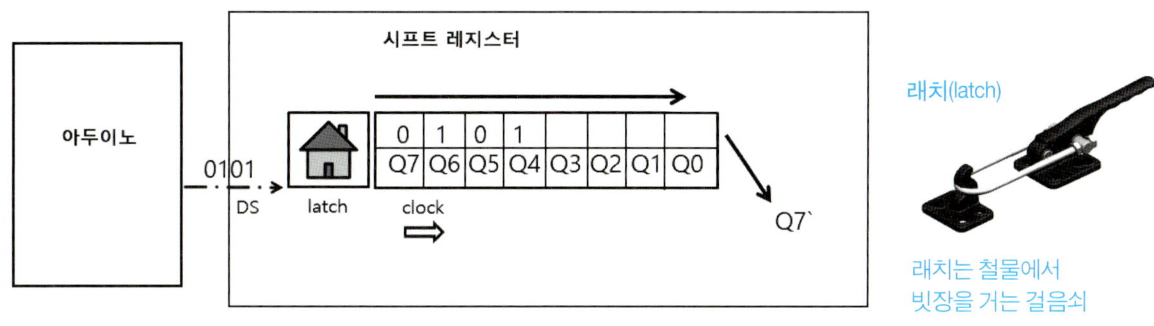

하드웨어 연결

Q0~Q7까지 8개 LED를 시프트 레지스터에 연결한다.

8번 핀(GND)과 13번 핀(OE)을 GND에 연결한다.

10번 핀(MR)과 16번 핀(Vcc)을 +5V 전원에 연결한다.

11번 핀(clock)을 아두이노 디지털 3번 핀과 연결한다.

12번 핀(latch)을 아두이노 디지털 4번 핀과 연결한다.

14번 핀(DS)을 아두이노 디지털 2번 핀과 연결한다.

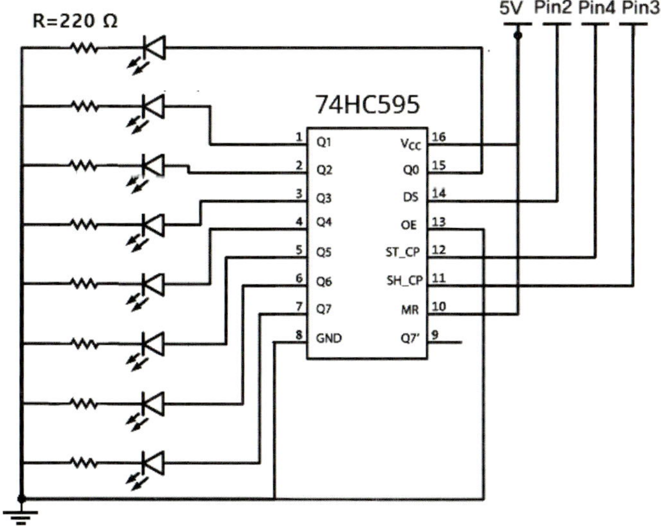

스케치를 한번 보고, 런시킨 다음 내용을 살펴보기로 하자.

```
// Shift_Register    8 LEDs

int data = 2;
int clock = 3;
int latch = 4;

void setup()
{
  pinMode(data, OUTPUT);
  pinMode(clock, OUTPUT);
  pinMode(latch, OUTPUT);
}

void loop()
{
  for(int i = 0; i < 256; i++){
   updateLEDs(i);
   delay(100);
  }
}

void updateLEDs(int value){
  digitalWrite(latch, LOW);     //Pulls the latch low
  shiftOut(data, clock, MSBFIRST, value); //Shifts out the 8 bits to the shift register
  digitalWrite(latch, HIGH);   //Pulls the latch high displaying the data
}
```

스케치 분석

■ data, clock, latch 핀을 아두이노 디지털 2, 3, 4번에 연결하였으며, 모두 출력(OUTPUT) 모드로 선언했다.

■ **updateLEDs(i);** 함수를 0부터 255까지 i를 하나씩 증가하게 했다. 이유는 1바이트 즉 8비트로 만들 수 있는 10진수는 256개이기 때문이다.

■ **shiftOut( );** shiftOut( )이라는 함수의 파라미터를 보면 **shiftOut(dataPin, clockPin, bitOrder, value)**으로 되어 있다. 시프트 레지스터로 8비트 데이터를 보내는 명령이다.

- dataPin은 앞에서 설명한 DS 핀으로 데이터를 받는 핀이다.
- clockPin은 시간 핀이며, 데이터를 다음 칸으로 보내는 역할을 한다.
- bitOrder은 비트 데이터를 왼쪽에서 오른쪽으로 보내는 MSBFIRST 또는 오른쪽에서 왼쪽으로 보내는 LSBFIRST을 사용한다.
- MSBFIRST(Most Significant Bit First) LSBFIRST(Least Significant Bit First)
- value: 이동되는 데이터 값

shiftOut( ) 함수의 특징은 한 번에 1바이트 즉 8비트씩 작업을 한다는 것이다.
또 shiftOut( ) 함수 사용하기에 앞서 dataPin과 clockPin은 pinModr( )에서 OUPUT으로 규정되어야 하고, digitalWrite(latch, LOW)로 만들어 데이터가 들어오게 해야 한다. shiftOut( ) 함수 사용 후 반드시 digitalWrite(latch, HIGH)로 만들어 빗장을 걸어 닫아야 한다.

 ## 하드웨어

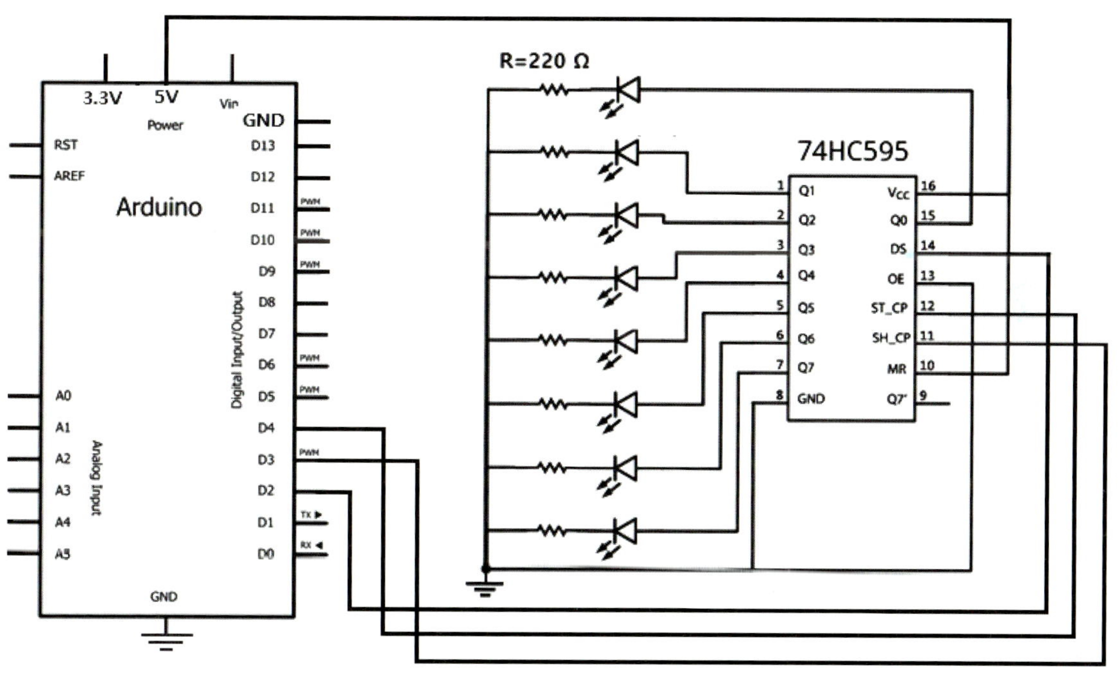

무선 컨트롤

무선통신 비교

1 **RF 통신** 라디오 주파수(300~700 MHz)를 사용하여 통신(거리: 10~30m)

> **장점** 부품 가격이 저렴하다. 다루기 쉽다. 전력을 적게 소모한다.
>
> **단점** 같은 지역에서 두 대의 송신기를 사용할 수 없다. 메시지 주소를 사용하지 않기 때문에 보안에 취약하다. 비교적 느리다.

2 **블루투스** 2.4GHz 주파수를 사용하여 통신(거리 10~100m)

> **장점** 많은 양의 데이터를 비교적 빠르게 다룰 수 있다. 전력을 적게 소모한다.

3 **Xbee** 자체 MCU를 가진 통신모듈(10m~1.6km)

> **장점** 메시지를 보낼 때 주소 사용, 메시지 충돌이 없다. 먼 거리 통신이 가능하고 빠르다.

4 **와이파이** 휴대폰, PC 등 전자기기가 인터넷 통신을 할 수 있게 한다.(100~250m)

> **장점** 주소 지향적이어서 메시지 충돌이 없다. 음악, 동영상 등 다양한 자료를 빠르게 처리.

5 **휴대폰** 3G, LTE 등 최근 더욱 속도 경쟁이 치열하다.

> **장점** 휴대의 간편성과 함께, 주소 지향적이어서 메시지 충돌이 없다.

블루투스는 스마트폰에 기본으로 장착되어 출시되고 있다. 사용이 편리하고, 특히 최근에 개발된 BLE(Bluetooth Low Energy)는 에너지 소모가 적어 단거리 무선 통신의 대표 수단으로 자리매김하고 있다. 아두이노와 페어링도 쉽게 이루어져 기기의 무선 조종에 많이 활용되고 있다.

지그비는 여러 기기를 동시에 모니터링하는데 유리하다. 에너지 소모가 적어 홈오토메이션 분야 등에서 활용되고 있다.

와이파이는 인터넷 연결을 위해 사용되는 방법이다. 전송 속도기 빠르고, 여러 사용자가 동시에 사용할 수 있는 장점을 가지고 있지만 에너지 소모가 많다는 약점이 있다. 최근 블루투스와 경쟁하는 와이파이 direc이라는 기술이 개발되고 있다. 중개기를 거치지 않고 직접 기기 간 통신을 하는 것을 목표로 하고 있다.

IR(Infra Red) 리모트 컨트롤

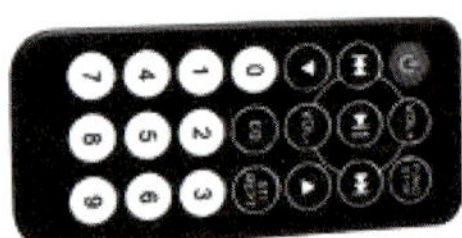

IR 리모컨

리시버

TV 리모컨에 사용되는 Infra Red control은 38KHz 주파수 대역을 사용한다. 이 프로젝트에 사용된 IR 리모컨은 DFR0107이며, 리시버는 DRF0094 IR 모듈이다. IR(Infra Red: 적외선) 컨트롤은 셋톱박스, 실내 전등, 선풍기 및 에어컨 무선 컨트롤을 비롯한 많은 생활 가전제품에 사용되고 있는 기술이다.

프로젝트는 IR 송신기(리모컨)에서 보내는 신호를 수신기(리시버)에서 받고 아두이노에서 코드를 푸는 작업이다.

준비물
- 아두이노 우노
- IR 리모컨
- IR 리시버

github를 방문하여 IRremote 라이브러리를 다운로드한다. https://github.com/shirriff/Arduino-IRremote .

Zip 파일 압축을 풀고 Arduino의 libraries 파일 안에 가져다 놓는다.

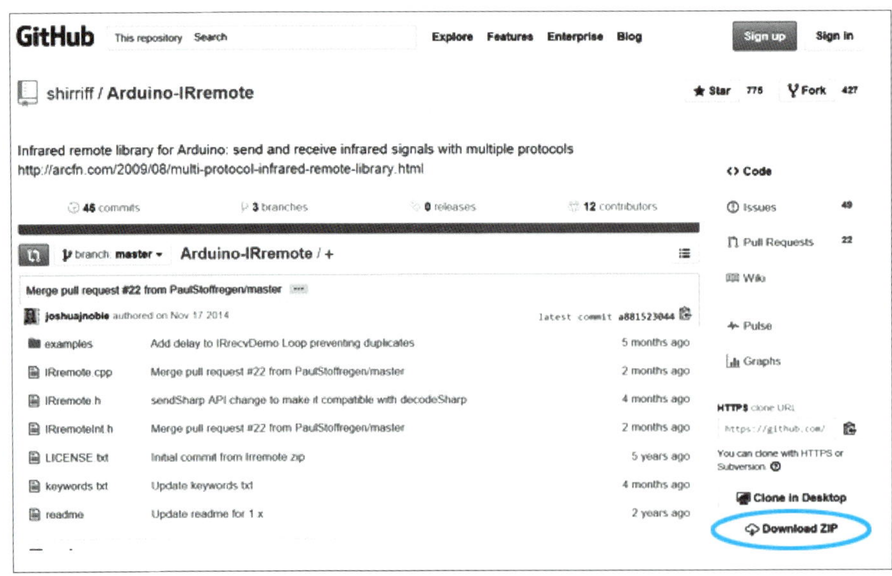

```cpp
// IR Remote controller decoding

#include <IRremote.h>
int RECV_PIN = 11;
IRrecv irrecv(RECV_PIN);
decode_results results;

void setup()
{
  Serial.begin(9600);
  irrecv.enableIRIn(); // Start the receiver
}

void loop()
{
  if (irrecv.decode(&results))
    {
     Serial.println(results.value, HEX);
     irrecv.resume(); // Receive the next value
    }
}
```

스케치 분석

- **#include <IRremote.h>** IR 리모트 컨트롤러 라이브러리를 불러온다.
- **RECV_PIN = 11;** 디지털 핀 11번에서 수신 데이터를 읽기 위해 작명한 이름.
- **IRrecv irrecv(RECV_PIN);** 라이브러리를 활용할 때 사용할 함수 이름을 irrecv로 작명하고, 파라미터로 연결된 핀 번호를 주었다.
- **decode_results results;** 라이브러리 함수이며 수신 코드 값을 results에 저장하라는 것임.
- **irrecv.enableIRIn( );** 라이브러리 함수이며 수신을 시작하라는 명령이다.
- **if (irrecv.decode(&results));** '수신된 코드를 풀었는가?' 하는 질문이다.
- **irrecv.resume( );** 다시 수신을 재개하라는 라이브러리 함수이다.

IR 리시버	아두이노
Vcc	5V
GND	GND
D	11번 디지털 핀

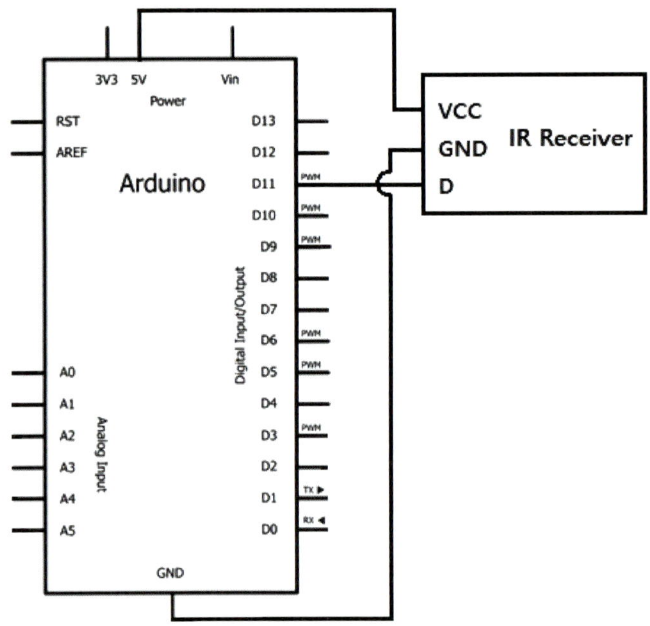

스케치를 컴파일하고 업로드한다. IDE의 시리얼 모니터 창을 오픈한다. IR 리모컨을 누르면 모니터 창에 HEX 코드가 프린트된다.

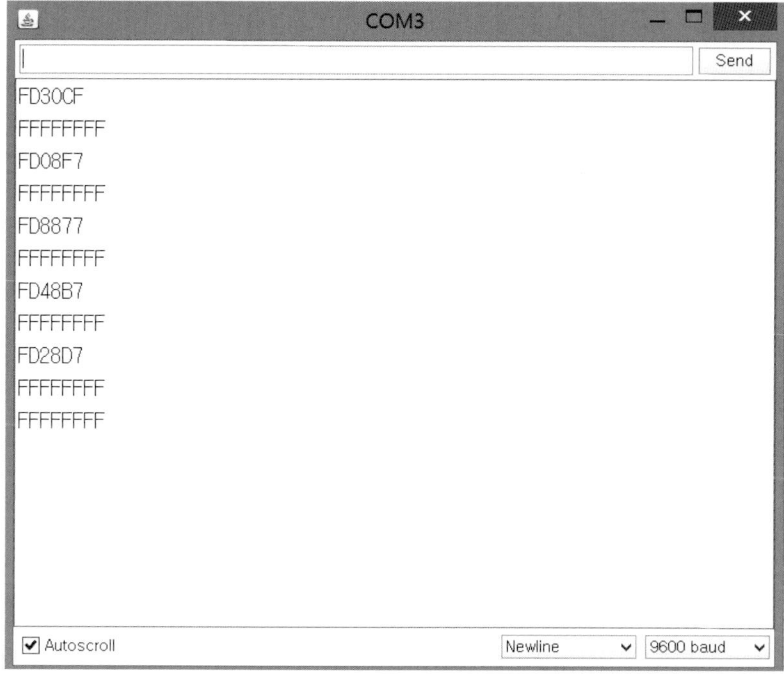

RF(Radio Frequency) 무선 컨트롤

RF(Radio Frequency) 무선 컨트롤: 텍스트 보내기

저렴한 비용으로 아두이노끼리 무선통신하는 방법은 RF 송수신기를 사용하는 것이다. Xbee나 블루투스보다 세팅하기가 쉽다. 특히 고가의 쉴드를 사용하지 않아도 된다는 유리한 점이 있다. PC는 스케치를 작성하고 업로드 하는 작업으로 임무를 마치고, 아두이노 2대가 각기 송신과 수신업무의 브레인 역할을 한다.

송신기

수신기

준비물
- 아두이노 2대 (우노 또는 대용품), 브레드 보드 2개
- RF 송신기 및 수신기 (433 MHz)

송신기의 Data 핀을 아두이노 디지털 핀 12번에 연결하여 데이터를 내보낸다. 수신기에서는 받은 데이터는 아두이노의 디지털 핀 11에 의해 읽혀진다.

먼저 RF 송수신기를 사용할 때 편리한 Virtual Wire(가상의 선)라는 라이브러리가 있다. 구글과 같은 웹에서 써치하면 https://github.com/cmaglie/VirtualWire를 비롯한 여러 사이트를 찾을 수 있다. 다운로드한 후 ZIP파일 압축을 풀고 아두이노의 libraries에 옮겨 놓으면 소프트웨어 사전 준비는 완료되었다.

송신기 스케치에 있는 "Hellow there"라는 텍스트를 수신기에서 받아 시리얼 모니터에 프린트하는 프로젝트를 수행하자.

```
// RF_Transmit_Simple ,Transmitter data pin to Arduino pin 12

#include <VirtualWire.h>

void setup()

{

// Initialize the IO and ISR

vw_setup(2000); // Bits per sec

}

void loop()

{

send("Hello there");

delay(10);

}

void send (char *message)

{

vw_send((byte *)message, strlen(message));

vw_wait_tx(); // Wait until the whole message is gone

}
```

스케치 분석

- **#include <VirtualWire.h>** #include 〈VirtualWire.h〉를 선언하며 VirtualWire 라이브러리를 불러온다. setup( )에서는 시리얼 모니터를 사용하려면 Serial.begin(9600)을 했던 것처럼, RF 데이터 속도를 vw_setup(2000) 즉 초당 2000비트로 설정했다.

- **loop( );** loop( ) 안에는 Hellow there 파라미터를 주면서 send( )라는 함수를 부르고 있다.

- ***message;** *message에 있는 *는 포인터 즉 message 값을 가진 주소를 말하는 것이다. CPU나 MCU 세계에서 값을 저장하려면 주소가 있어야 한다. 주소 안에 값이 있다.

- 라이브러리 함수인 **vw_send( )**를 사용하여 값과 값의 길이를 보낸다.

- 마지막으로 **vw_wait_tx( )**는 데이터를 다 보낼 때까지 기다리라는 것이다.

송신기 Data를 아두이노 디지털 핀 12번에 연결한다.

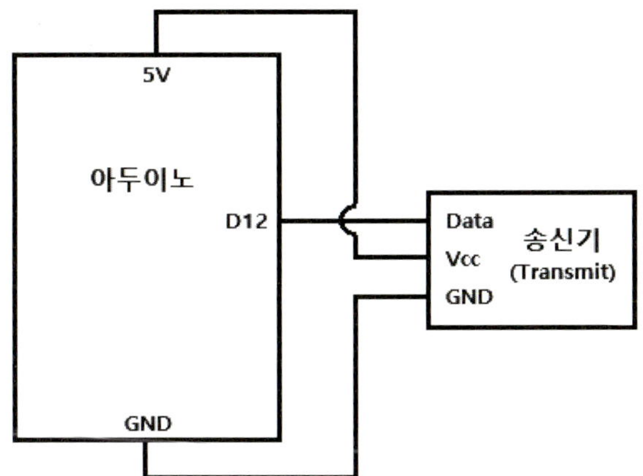

```
// RF_Receive_Simple
// Connect the Receiver data pin to Arduino pin 11

#include <VirtualWire.h>

byte message[VW_MAX_MESSAGE_LEN]; // a buffer for incoming messages

byte messageLength = VW_MAX_MESSAGE_LEN; // the size of the message

void setup() {

Serial.begin(9600);
Serial.println("Device is ready");

// Initialize the IO and ISR
vw_setup(2000); // Bits per sec
vw_rx_start(); // Start the receiver
}

void loop() {

if (vw_get_message(message, &messageLength)) // Non-blocking
{

Serial.print("Received: ");
for (int i = 0; i < messageLength; i++)
{
Serial.write(message[i]);
}
Serial.println();
}
}
```

스케치 분석

■ 수신기 스케치도 virtualWire 라이브러리를 사용하고 있다.

■ **message[VW_MAX_MESSAGE_LEN];** 수신되는 데이터의 버퍼이다.

■ **setup( )** 안에서 데이터 수신 속도를 전송 속도와 같은 2000비트/초로 세팅했다.

■ **vw_rx_start( );** 수신을 시작하라는 것이다.

■ **loop( );** loop( ) 안에서 vw_get_message(message, &messageLength)는 데이터와 데이터 길이를 받았으면 이어지는 중괄호 안에 있는 작업을 수행하라는 것이다. 데이터는 1바이트씩 들어오기 때문에 for 루프를 사용해 한 글자씩 프린트 하는 것이다.

■ **&messagelenth;** &는 주소를 의미하는 것이다.

수신기 하드웨어 연결

수신기 Data 단자를 아두이노 디지털 핀 11번에 연결한다.

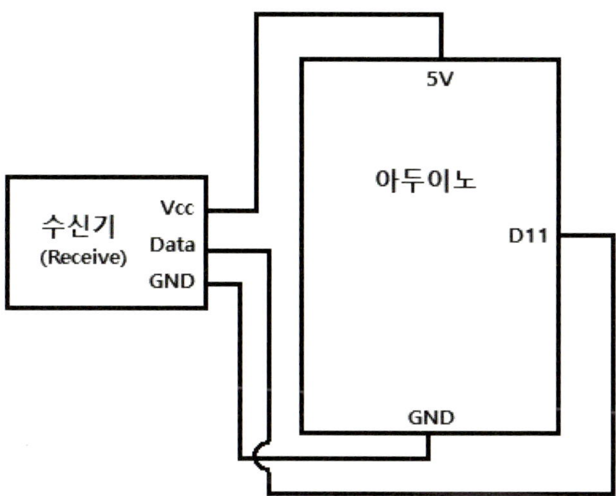

송신기 스케치를 먼저 업로드시키고 외부 전원을 사용하여 원거리에 놓는다. 수신기 스케치를 업로드하고 시리얼 모니터를 오픈하면 아래와 같은 메시지가 프린트된다.

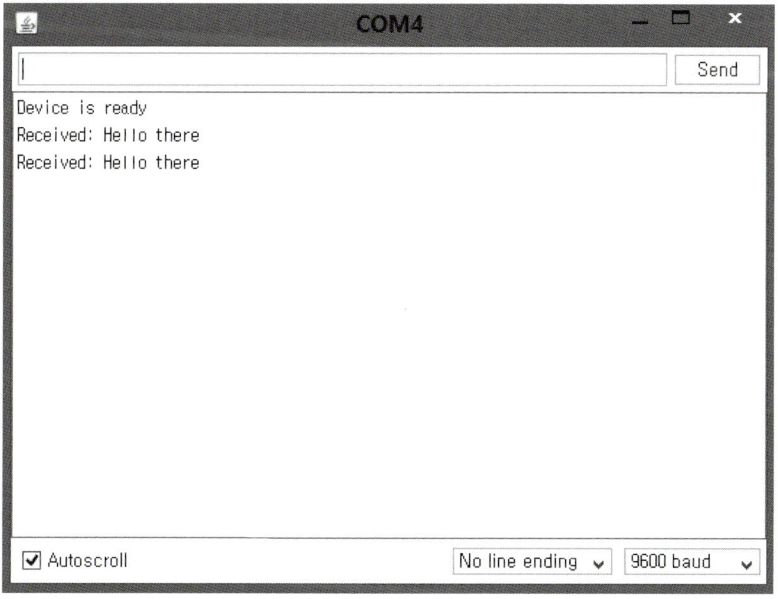

RF(Radio Frequency) 무선 컨트롤: RF 송수신기로 LED 컨트롤하기

RF 송수신기로 텍스트 데이터뿐만 아니라 전자기기를 무선으로 컨트롤 할 수 있다. RF 송신기에서 스위치로 신호를 보내면, RF 수신기는 받아서 LED를 ON 시키는 프로젝트를 수행해 보자.

준비물
- 아두이노 보드 2개
- RF 송신기 수신기 각 1개
- 버튼 스위치 1개, LED 1개
- 저항 100Ω , 10KΩ 각 1개
- 브레드 보드 2개, 점퍼 와이어 다수

먼저 VirtualWire를 https://github.com/cmaglie/VirtualWire와 같은 곳에서 다운로드하고 ZIP파일 압축 풀기한다. VirtualWire 파일을 아두이노의 libraries 파일 안에 위치시킨다.

송신기 회로

아두이노 디지털 2번 핀은 버튼 스위치에서 신호를 받는다. 스위치를 누르지 않은 상태에서는 GND에 의해 0V가 입력된다. 스위치를 누르면(ON) 5V가 입력된다. D2에 신호가 입력되면 아두이노 D8을 통해 송신기로 스위치 ON 신호를 보내면, 송신기는 신호를 수신기로 보낸다.

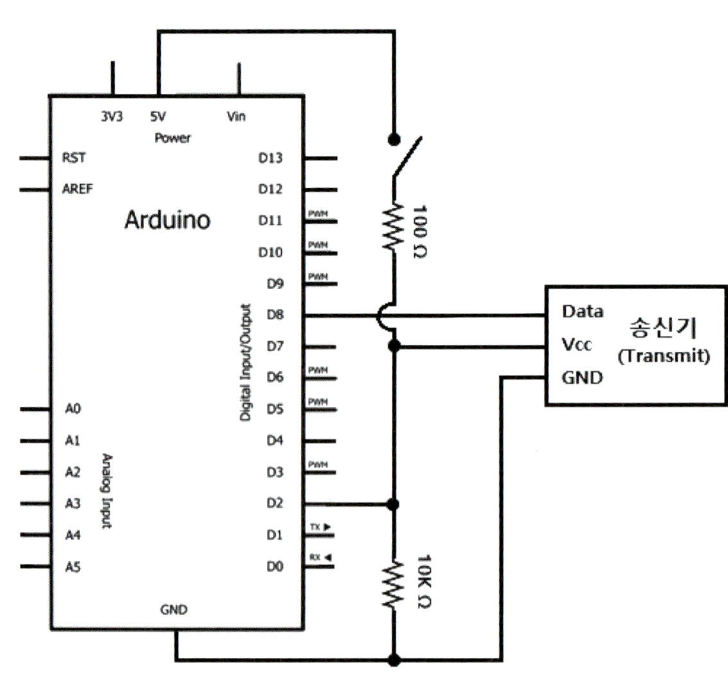

```
RF_Button_Transmit§
// RF button control Transmit

#include <VirtualWire.h>
 byte buf[VW_MAX_MESSAGE_LEN];
 byte buflen=VW_MAX_MESSAGE_LEN ;

const char on[] = "a" ;
const char off[] = "b" ;

void setup( ) {
  vw_set_ptt_inverted(true) ;
  vw_setup(300) ;
  vw_set_tx_pin(8) ;
  pinMode(2, INPUT) ;
}

void loop( ) {
  if (digitalRead(2)==HIGH)
  {
    vw_send( (byte *) on, strlen(on) ) ;
    vw_wait_tx() ;
    delay(200) ;
  }

  if (digitalRead(2)==LOW)
  {
    vw_send( (byte *) off, strlen(off) ) ;
    vw_wait_tx() ;
    delay(200) ;
  }
}
```

스케치 분석

■ 스케치에서 VirtualWire 라이브러리를 불러 온다.

■ 데이터의 길이를 buflen이라는 이름에 저장한다.

■ on이라고 명명한 단어에는 "a"라는 char을, off에는 "b"를 저장한다. 이유는 char 하나를 보내는 것이 편리하기 때문이다.

■ **vw_set_ptt_inverted(true);** RF 모듈 링크를 사용한다고 라이브러리에서 지정한 명령어이다. 데이터 전송 속도는 300비트/초로 정했고, **vw_set_tx_pin(8)**은 디지털 핀 8번으로 데이터를 송신한다는 뜻

80

이다.

■ **vw_send((byte *) on, strlen(on));** on에 있는 값과 데이터의 길이를 내보내는 것이다.

데이터가 모두 전송될 때까지 기다리라는 **vw_wait_tx( )**를 사용했다.

수신기 회로

수신기는 데이터를 받아 디지털 8번 핀으로 보낸다. ON 신호가 입력되면 핀 6번과 연결된 LED를 켜고, OFF 신
호이면 끈다.

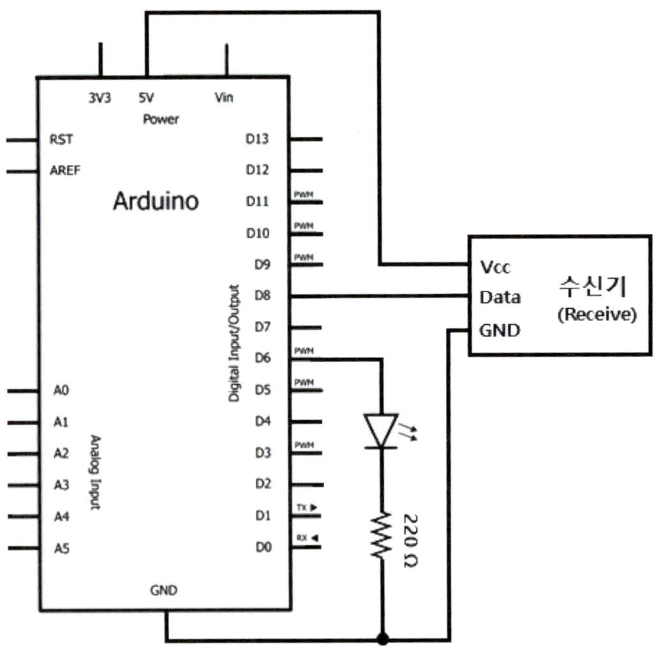

```
RF_Button_Receive

// RF button control Receive

#include <VirtualWire.h>
 byte buf[VW_MAX_MESSAGE_LEN];
 byte buflen=VW_MAX_MESSAGE_LEN ;

 void setup( ) {
  vw_set_ptt_inverted(true) ;
  vw_setup(300) ;
  vw_set_rx_pin(8) ;
  vw_rx_start( ) ;
  pinMode(6, OUTPUT) ;
}

void loop( )
{
  if (vw_get_message(buf, &buflen) )
  {
    switch(buf[0])
    {
      case 'a' :
      digitalWrite(6,HIGH) ;
      break;
      case 'b' :
      digitalWrite(6,LOW) ;
      break;
    }
  }
}
```

스케치 분석

■ VirtualWire 라이브러리를 호출한다.

■ 데이터를 저장할 장소 이름을 buf로 작명했다. 데이터의 길이를 buflen이라고 작명한 장소에 저장한다.

■ 송신기와 같이 RF 링크를 사용하기 위하여 라이브러리에서 지정한 명령어인 vw_set_ptt_inverted(true) 사용했다.

■ 수신기 데이터 속도는 송신기와 같아야 하므로 300을 사용함.

■ **vw_set_rx_pin(8);** 데이터를 받는 핀을 8번으로 지정하기 위한 것이다.

■ **vw_get_message(buf, &buflen);** buf 라는 이름에서 데이터를 그리고 buflen에서 데이터 길이를 가져오라고 하는 것이다.

■ **&buflen**에서 &는 주소를 말하는 것이다.

■ 새로운 아두이노 단어인 **switch**는 이어지는 case들 중에서 맞는 답을 찾는 스위치이다. 개별 case는 break로 끝난다. 아래 그림으로 나타냈다. case는 세미콜론이 아닌 콜론을 사용한다.

```
                     case '1' :
                     ...         ;
switch( ) {          break     ;   }
                     case '2' :
                     ...         ;
                     break     ;
```

송신과 수신 스케치를 비교하기 쉽게 나란히 붙여 놓았다.

```
RF_Button_Transmit§
// RF button control Transmit

#include <VirtualWire.h>
 byte buf[VW_MAX_MESSAGE_LEN];
 byte buflen=VW_MAX_MESSAGE_LEN ;

const char on[] = "a" ;
const char off[] = "b" ;

void setup( ) {
  vw_set_ptt_inverted(true) ;
  vw_setup(300) ;
  vw_set_tx_pin(8) ;
  pinMode(2, INPUT) ;
}

void loop( ) {
  if (digitalRead(2)==HIGH)
  {
    vw_send( (byte *) on, strlen(on) ) ;
    vw_wait_tx() ;
    delay(200) ;
  }

  if (digitalRead(2)==LOW)
  {
    vw_send( (byte *) off, strlen(off) ) ;
    vw_wait_tx() ;
    delay(200) ;
  }
}
```

```
RF_Button_Receive
// RF button control Receive

#include <VirtualWire.h>
 byte buf[VW_MAX_MESSAGE_LEN];
 byte buflen=VW_MAX_MESSAGE_LEN ;

 void setup( ) {
  vw_set_ptt_inverted(true) ;
  vw_setup(300) ;
  vw_set_rx_pin(8) ;
  vw_rx_start( ) ;
  pinMode(6, OUTPUT) ;
}

void loop( )
{
  if (vw_get_message(buf, &buflen) )
  {
    switch(buf[0])
    {
      case 'a' :
      digitalWrite(6,HIGH) ;
      break;
      case 'b' :
      digitalWrite(6,LOW) ;
      break;
    }
  }
}
```

RFID는 직장에서 직원 출입카드, 식당 음식 구매카드, 아파트 현관 출입카드 등 실로 다양하게 사용되고 있다.

RFID(Radio Frequency IDentify)에는 수동형과 능동형이 있다. 능동형은 카드 안에 배터리가 있어 인식 가능 거리가 길고, 수동형은 전원이 없어 인식 가능 거리가 짧다.

수동형인 경우 작동하는 방법은 카드인식기(카드리더)에 있는 코일에서 전자기파를 발생시켜 카드 내부에 있는 코일에 무선으로 전자기장을 보낸다. 카드에 있는 코일은 무선으로 받은 전자기장에 저항하는 전자기에너지를 다시 카드리더에 보내게 된다. 카드리더는 되돌아오는 전자기파를 분석하여 카드의 ID를 인식하는 것이다.

RFID 카드와 태그

RFID 카드리더 입문

이번 프로젝트는 Innovation 사의 카드리더 ID-12를 사용했다. 데이터 시트에 있는 사양을 보면, 125 KHz RFID용이며, 9번 핀 D0와 8번 핀 D1이 데이터 핀으로 지정되어 있다.

준비물
- 아두이노 우노, 브레드 보드 각 1개
- ID-12 RFID 카드리더 1개, RFID 카드 2개

카드리더기에 대한 이해를 증진시키기 위해 카드의 고유번호를 읽는 방법부터 시작하기로 한다. 먼저 라이브러리의 보고인 github 사이트 https://github.com/Thumperrr/Arduino_ID20Reader를 방문해 ID20 ZIP파일을 다운로드 받는다. 여기에서 사용하는 카드리더는 ID12이지만 ID20와 같은 회사 제품이고 핀 레이아웃 및 작동 방법이 동일하다. 다만 ID20는 인식 가능 거리가 긴 장점을 가지고 있으며 ID12보다 고가 제품이다.

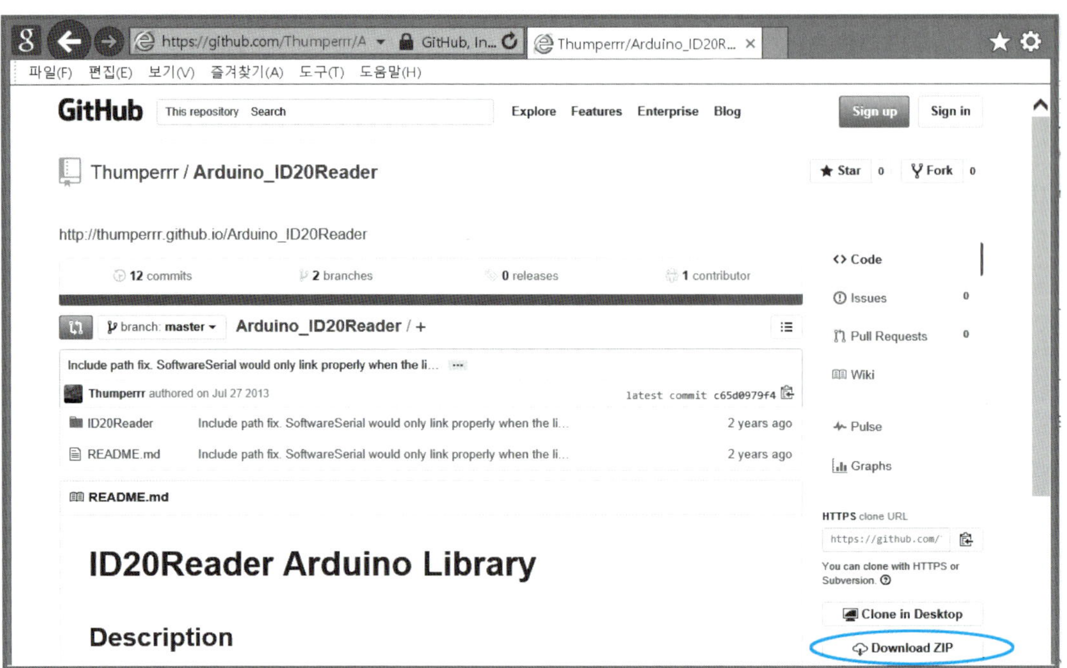

압축을 풀면 Arduino-ID20Reader-master 파일이 된다. 안에 있는 ID20Reader 파일을 [문서] ⇒ [Arduino] ⇒ [libraries]에 옮겨 놓는다.

아두이노 IDE를 새로 오픈한다. [파일] ⇒ [예제] ⇒ [ID20Reader] ⇒ [ID20ReaderExample]을 연다.

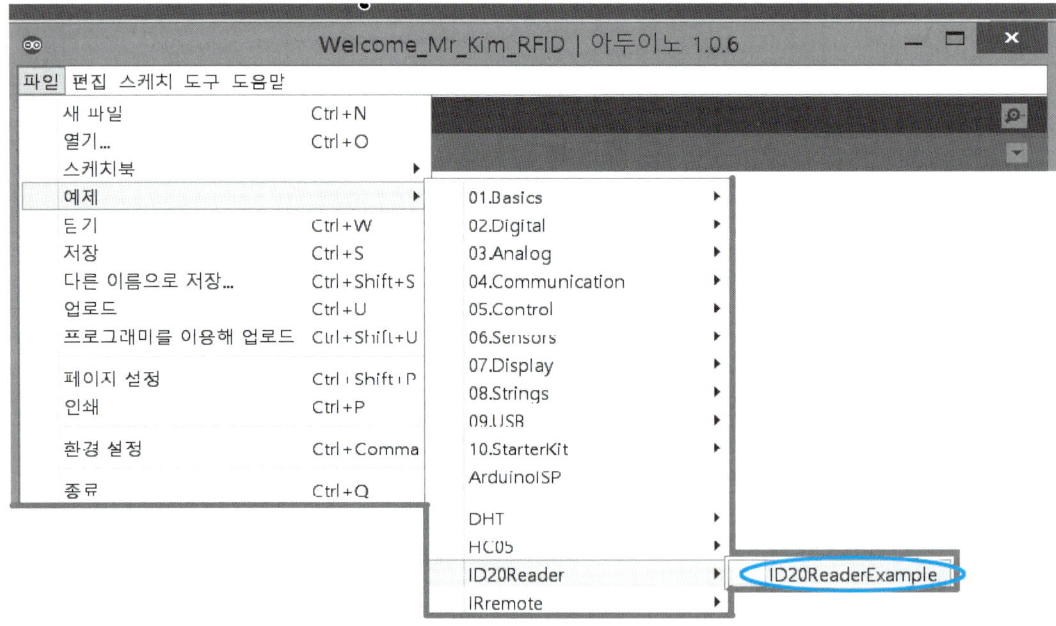

스케치를 살펴보기로 하자.

```cpp
// ID20ReaderExample
#include <SoftwareSerial.h> // Dependency of ID20Reader. Must include in main file
                  // Due to Arduino software limitations.
#include <ID20Reader.h>

int rx_pin = 9; //Data input pin
int tx_pin = 8; //Unused, but must be defined. (Nothing is sent from the Arduino to the reader.)

ID20Reader rfid(rx_pin, tx_pin); //Create an instance of ID20Reader.

void setup() {
  Serial.begin(9600);
  Serial.println("RFID Reader - Swipe a card ~~~~~");
}

void loop() {
  rfid.read(); //Receive a tag from the reader if available

  if(rfid.available()) //a tag has been read
  {
    String code = rfid.get(); //Get the tag
    Serial.println(code); //Print the tag to the serial monitor
  }
}
```

스케치 분석

- SoftwareSerial을 사용하기 때문에 업로드할 때, Rx 핀으로 사용되는 9번 핀 연결을 아두이노 보드에서 해제시킬 필요가 없다.
- **<ID20Reader.h>** 라이브러리를 호출한다.
- **ID20Reader rfid(rx_pin, tx_pin);** rfid라는 이름으로 함수를 사용하겠다고 정의했으며, Rx 핀과 Tx 핀으로 사용된 디지털 핀 번호를 알려주고 있다.
- **code = rfid.get()** 카드에 있는 ID를 가져와서 code에 저장시킨다.
- **rfid.read( );** 태그에 있는 정보를 읽는 라이브러리 함수.

하드웨어

아두이노	ID-12LA
GND	1: GND
+5V	2: RES
GND	7: FORMAT
Rx: 9번으로 지정	9: D0
+5V	11: +5V

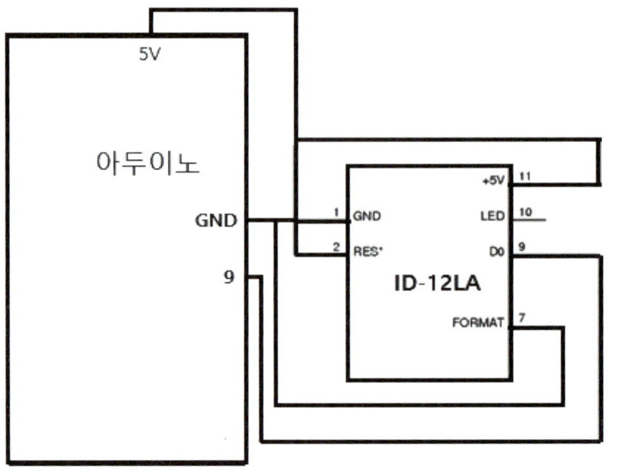

스케치를 컴파일하고 업로드한다. 이어서 시리얼 모니터를 오픈시키고 RFID 카드를 리더기 앞에 가져가면 오른쪽과 같은 결과가 프린트된다. 카드를 2번 사용하여 2번 프린트 하게 하였다. 카드가 정확하게 읽히고 있는 것을 파악할 수 있었다. 카드의 고유번호를 메모해 두기 바란다. 다음 프로젝트에 필요하다.

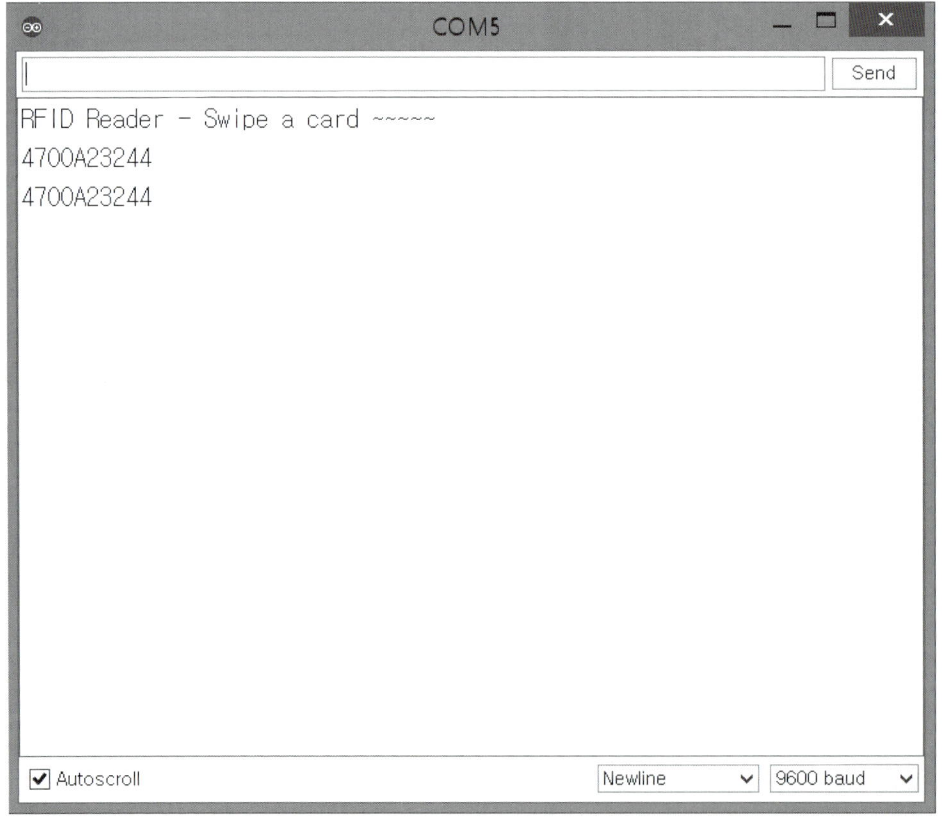

RFID 관계자 출입 승인

앞에서 수행한 프로젝트 스케치를 약간만 수정하면, 승인된 카드를 가진 사람만 출입시킬 수 있는 시스템을 만들 수 있다. 새롭게 추가된 부분은 아래에 있다.

앞 프로젝트에서 파악된 카드의 ID 번호 4700A23244을 code에 입력시켜 주면 리더기는 같은 카드가 읽혀지면 Welcome Mr. Kim을 프린트하고, 다른 카드면 You are not allowed to come in을 프린트하며 출입을 거부한다.

```
if (code=="4700A23244")
   {   Serial.print(" Welcome Mr. Kim") ;
   }
   else {Serial.print(" You are not allowed to come in ") ;
   }
```

준비물   ■ 아두이노 우노, 브레드 보드 각 1개
　　　　　 ■ ID-12 RFID 카드리더 1개, RFID 카드 2개

이 프로젝트에서는 간단하게 승인 여부를 텍스트로만 표시하였는데 아두이노의 디지털 및 아날로그 핀들을 사용하여 도어의 Open/Close, 경고등, 경고음, 카메라 촬영 등 여러 가지 작동을 구사할 수 있다.

 **스케치**

스케치는 앞에 있는 카드 리더 입문과 유사하다.

```
// Welcome: Modified from ID20ReaderExample
#include <SoftwareSerial.h> // Dependency of ID20Reader. Must include in main file
                // Due to Arduino software limitations.
#include <ID20Reader.h>

int rx_pin = 9; //Data input pin
int tx_pin = 8; //Unused, but must be defined. (Nothing is sent from the Arduino to the
```

```
reader.)

ID20Reader rfid(rx_pin, tx_pin); //Create an instance of ID20Reader.

void setup() {
  Serial.begin(9600);
  Serial.println("RFID Reader - Swipe a card ~~~~~");
}

void loop() {
  rfid.read(); //Receive a tag from the reader if available

  if(rfid.available()) //a tag has been read
  {
    String code = rfid.get(); //Get the tag
    Serial.println(code); //Print the tag to the serial monitor
//----------------  New Lines -------------------------//
    if (code=="4700A23244")
    {   Serial.print(" Welcome Mr. Kim") ;
    }
    else {Serial.print(" You are not allowed to come in ") ;
    }
//-----------------New Line END here ---------------//
  }
}
```

스케치 분석

■ SoftwareSerial을 사용하였다. 디지털 9번 핀을 rx, 8번 핀을 tx로 지정하였다.

■ **<ID20Reader.h>** ID 리더기 라이브러리이다.

하드웨어 연결은 앞 프로젝트와 동일하다.

아두이노	ID-12LA
GND	1: GND
+5V	2: RES
GND	7: FORMAT
Rx: 9 번으로 지정	9: D0
+5V	11: +5V

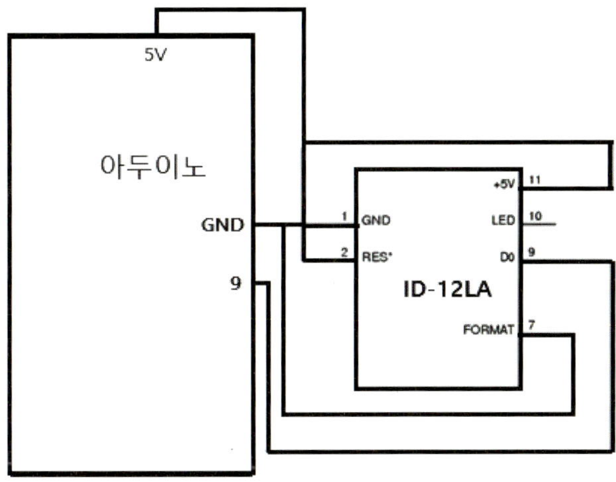

스케치를 컴파일, 업로드 하고, 시리얼 모니터 오픈한 다음 카드를 리더기 앞에 가져가면 오른쪽과 같은 결과를 프린트한다. 다른 카드를 사용하면 거절 문구가 프린트 되는 것을 볼 수 있다.

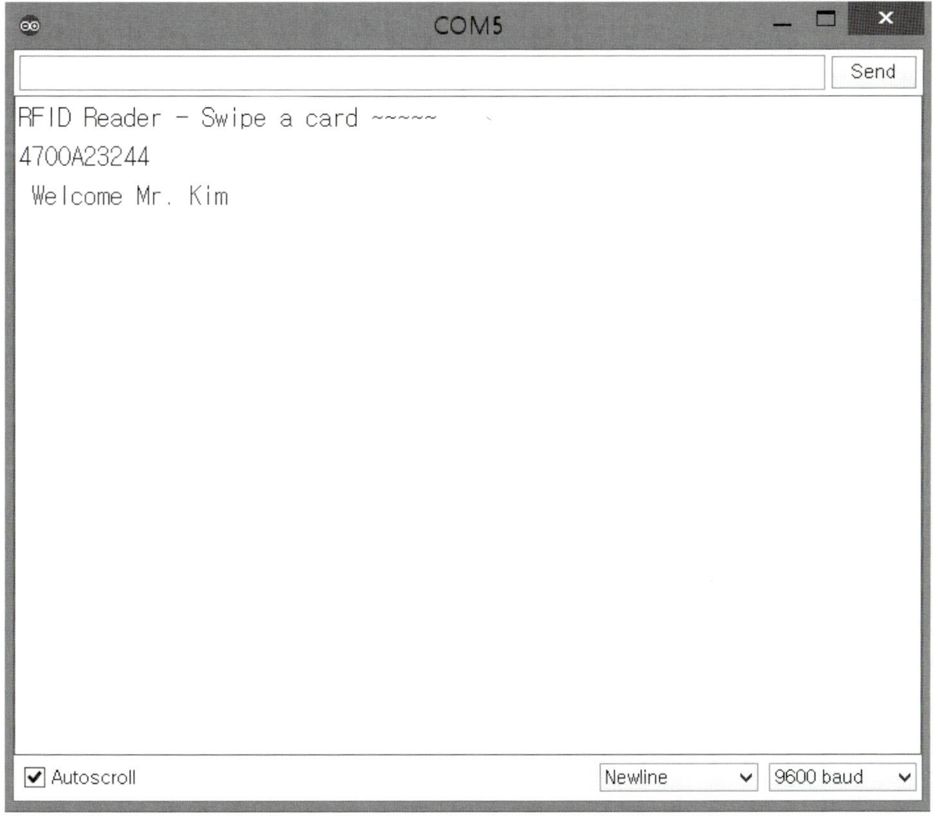

블루투스는 근거리 무선통신의 대표주자이다. 무선 스피커, 무선 이어폰, DIY 자동차 및 로봇 컨트롤 등 매우 다양한 분야에 사용되고 있다. 최근 스마트폰에는 블루투스 기능이 기본으로 내장되어 있어 활용이 더욱 증가할 것으로 예견

된다. 블루투스의 장점은 와이파이와 달리 중계기가 필요 없다는 것이다. 이번 프로젝트는 스마트폰 블루투스로 아두이노의 입출력을 컨트롤 하여 DIY 자동차 조정, 홈오토메이션 등에 사용할 수 있는 스케치를 작성하는 것이다.

블루투스 모듈에는 여러 종류가 있다. 가장 편리하게 되어 있는 쉴드 형에서부터 개별 칩까지 다양하다. 쉴드는 고가여서 여기에서는 비교적 저렴한 HC-06 모듈을 사용하기로 한다.

고가인 쉴드도 하드웨어적으로는 모듈과 유사하다. 모듈에는 6개의 핀이 있지만, 우리가 사용할 핀은 4개 즉 TXD, RXD, VCC, GND이다. 입력 전압은 3.6~6V이다. 아두이노에서 나오는 5V를 사용할 수 있다. 주의할 점은 아두이노 RX 핀에 블루투스 TXD 핀, 아두이노 TX 핀에 블루투스 RXD 핀을 연결해야 한다.

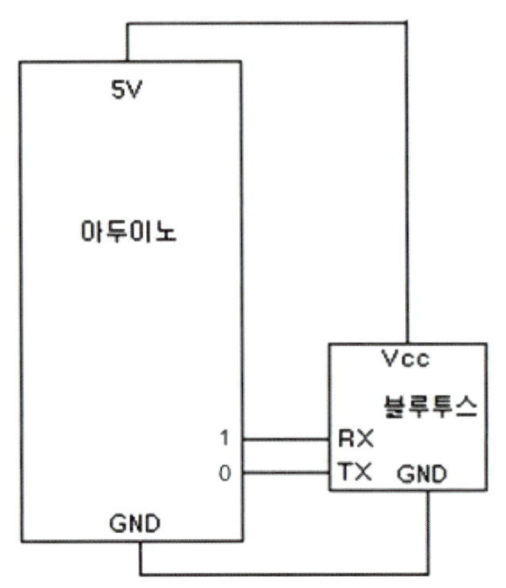

아두이노	블루투스
RX(0)	TXD
TX(1)	RXD
5V	VCC
GND	GND

스마트폰 블루투스로 아두이노 컨트롤하기: 안드로이드폰

안드로이드폰과 아이폰은 OS가 서로 달라 아두이노 블루투스 스케치에도 차이가 있다. 우선 삼성, LG 등에서 생산되어 국내 및 전 세계에서 가장 많이 사용되고 있는 안드로이드폰으로 아두이노 블루투스를 컨트롤 하는 프로젝트를 수행하자.

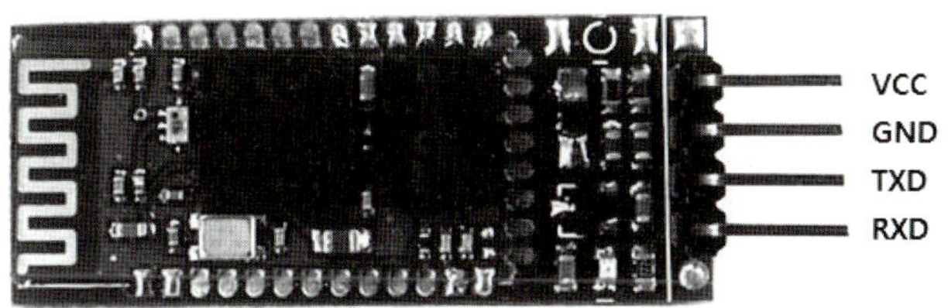

준비물
- 아두이노 우노, 브레드 보드 각 1개
- 블루투스 모듈 HC-06 1개, 안드로이드 기기
- LED, 220 옴 저항 각 1개

아두이노에 블루투스 HC06 모듈을 장착하고, 아두이노 디지털 8번 핀에 LED를 연결한다. 스마트폰으로 이 LED를 ON/OFF하는 스케치를 작성하면 된다. 블루투스는 아두이노와 UART 시리얼 통신을 한다. 따라서 Serial.print를 사용하여 블루투스와 아두이노 보드는 서로 데이터를 주고받을 수 있다. 작성된 스케치는 다음과 같다. 스마트폰에서 'H'를 보내면 디지털 8번 핀에 연결된 LED는 ON 상태가 되고 'L'을 보내면 OFF 된다.

유념할 사항은 스케치를 업로드할 때 아두이노의 디지털 핀 0번과 1번 즉 RX와 TX 핀에 블루투스가 연결되지 않아야 한다. 만약 연결되어 있는 상태로 업로드하면 아두이노 보드에서 스케치가 업로드되는 신호와 블루투스에서 오는 신호가 겹치게 되어 에러가 생긴다.

스케치

```
// Android Phone Bluetooth : LED ON/OFF
char val; // variable to receive data from the serial port
int ledpin = 8; // LED connected to pin 48 (on-board LED)

void setup() {
```

```
pinMode(ledpin, OUTPUT);  // pin 8 as OUTPUT
Serial.begin(9600);
}
void loop() {
  if( Serial.available() )     // if data is available to read
{
  val = Serial.read();       // read it and store it in 'val'
}
if( val == 'H' )             // if 'H' was received
{
digitalWrite(ledpin, HIGH);  // turn ON the LED
}
if( val == 'L' )             // if 'L' was received
{
  digitalWrite(ledpin, LOW);   // otherwise turn it OFF
  }
 }
```

스케치를 업로드 할 때 아두이노와 블루투스 모듈을 분리시켜야 한다.

하드웨어

아두이노 D0에 블루투스 TX
아두이노 D1에 블루투스 RX
아두이노 5V를 블루투스 Vcc
아두이노 GND를 블루투스 GND에 연결한다.
아두이노 D8에 저항과 LED를 연결한다.

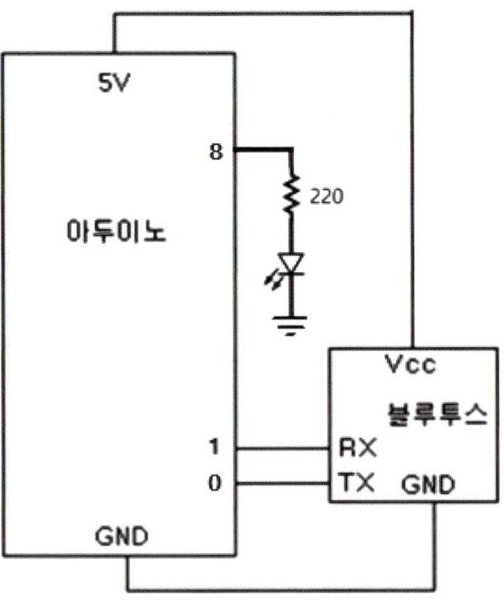

스마트폰에서 사용할 앱만 다운로드하면 모든 준비는 끝난다. 스토어에 좋은 무료 앱들이 많이 있다. 본인이 마음에 드는 것을 골라서 사용하면 된다. 이 프로젝트에서는 무료 앱인 "Bluetooth Controller" 를 사용했다.

1 Play 스토어에서 'Bluetooth Controller' 를 다운로드한다.

Bluetooth Controller

2 앱을 실행시키면 메인 창이 나온다. 키 설정을 터치하여 설정창이 나오면, L은 OFF로, H는 ON으로 입력하고 아래 OK를 터치하여 완료한다.

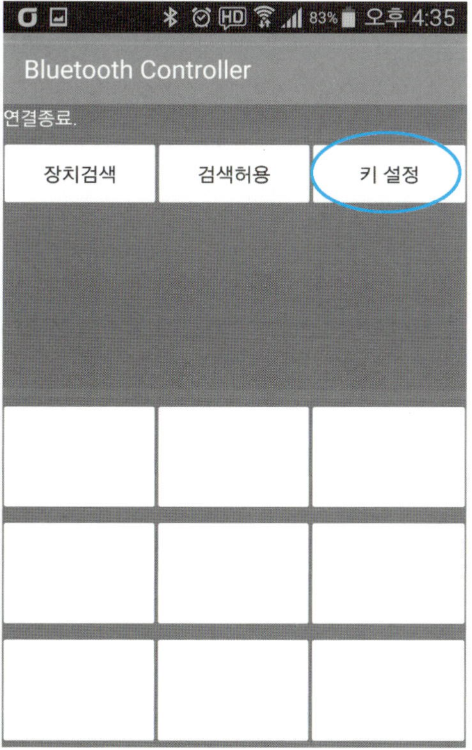

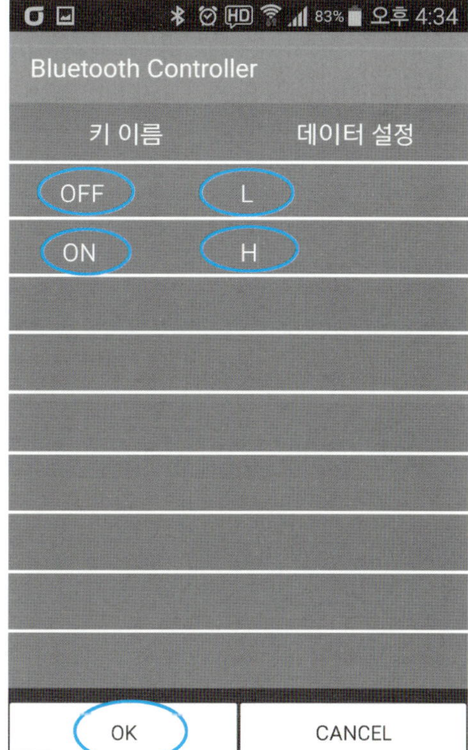

3️⃣ 장치검색을 터치하면, 블루투스 장치들을 찾아 보여준다. 원하는 장치를 터치하면 페어링이 된다. 단 처음으로 페어링하는 장치일 경우 장치번호를 요구하는데 1234를 입력해주면 된다.

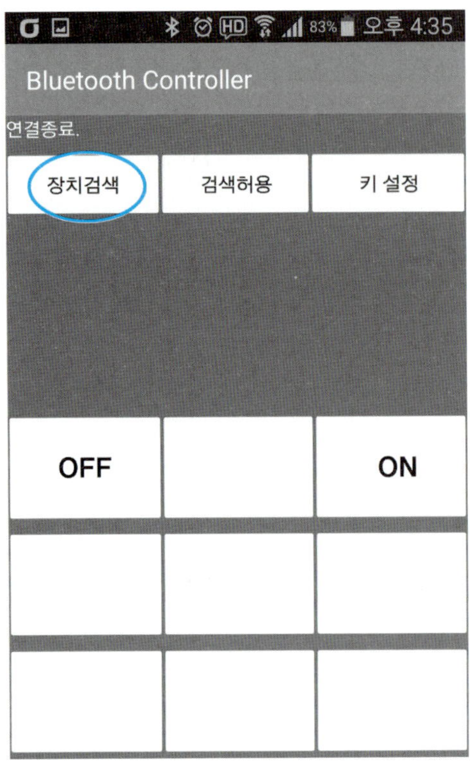

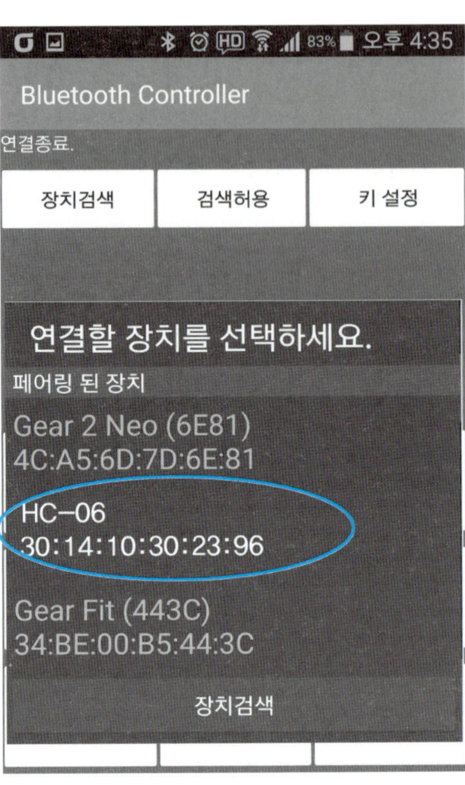

4 연결이 완료되면 좌측상단에 연결완료 표시가 나타난다. ON 버튼을 터치하면 아두이노 디지털 핀에 연결된 LED가 켜지는 것을 볼 수 있다. OFF 버튼을 터치하면 꺼진다.

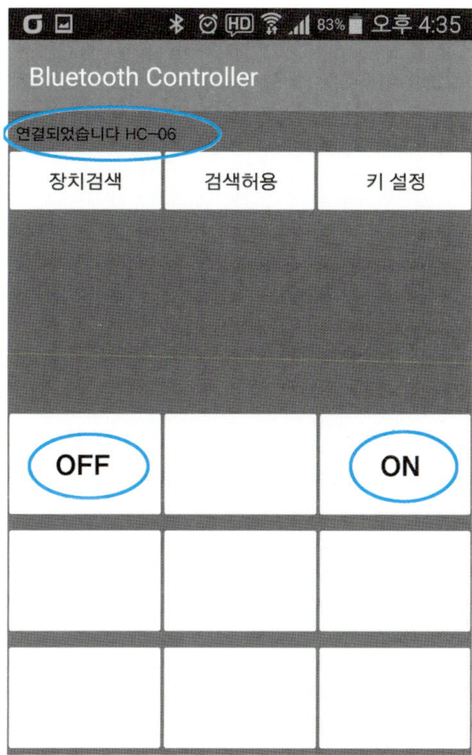

 2 스마트폰 블루투스로 아두이노 컨트롤하기: 아이폰

Bluetooth 4.0 Low Energy(BLE Shield)

아이폰은 안드로이트폰과 다른 O/S를 사용하는 관계로 블루투스 연결 방법에도 차이가 있다. 프로젝트는 레드베어 블루투스 쉴드를 사용했으며, RedBearLab가 제공하는 스케치를 사용하기로 하자.

준비물
- 아두이노 우노 1개
- Bluetooth 4.0 Low Energy(BLE Shield) 1개
- 아이폰 또는 아이패드 1개

소프트웨어 다운로드 하기

1 www.redbear.com을 방문한다. User Guide를 클릭하여 Getting Started-BLE Shield를 선택한다.

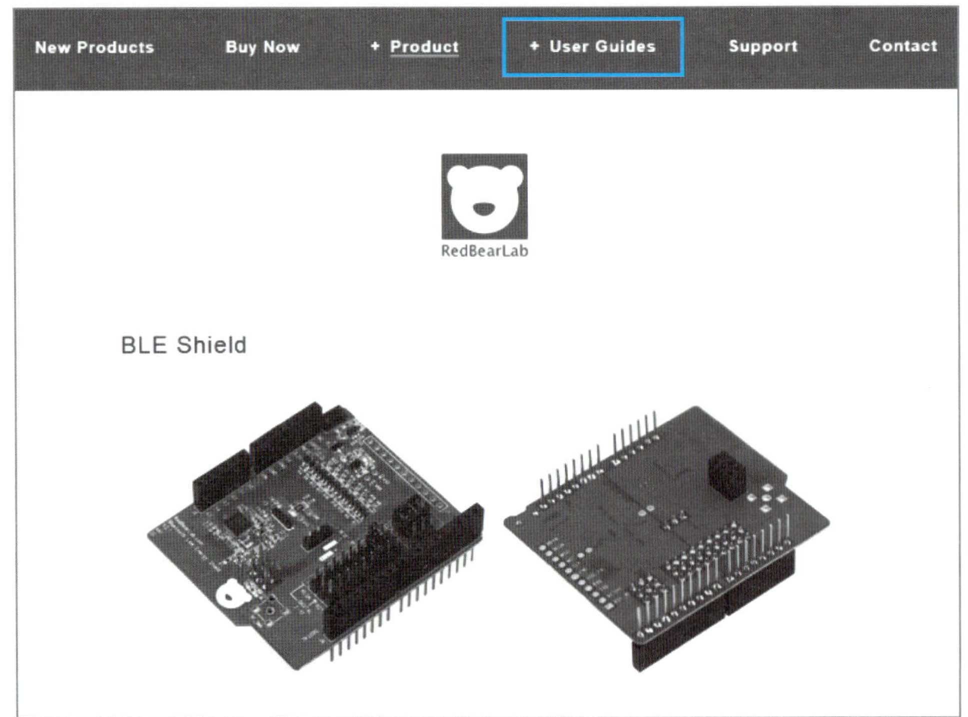

2 아래 그림 안에 반원으로 표시한 소프트웨어 두 개를 다운로드 받는다. ZIP 파일의 압축을 풀고 아두이노 IDE 의 libraries로 이동시킨다. 이때 파일이름을 RBL_nRF8001와 같이 _을 기호를 사용해야 IDE에서 인식할 수 있다.

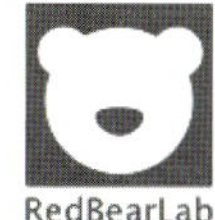

하드웨어 셋업

1 아두이노와 PC 연결을 풀고, 모든 입력 전원도 없게 한다.

2 우노 보드 위에 BLE 쉴드를 장착시킨다.

3 BLE 쉴드의 REQN과 RDYN 점퍼 세팅을 확인한다. 아래 테이블과 같이 공장에서 세팅한 대로 되어 있어야 한다.

Nordic ACI	Arduino Pin
RDYN	8
REQN	9

4 아두이노와 PC를 USB로 연결한다.

5 아두이노 우노 보드와 BLE 쉴드에 각각 LED가 켜져 있는 상태를 확인한다.

6 아두이노 IDE에서 [파일] ⇒ [예제] ⇒ [RBL_nRF8001] ⇒ [BLEControllerSketch]를 오픈한다.

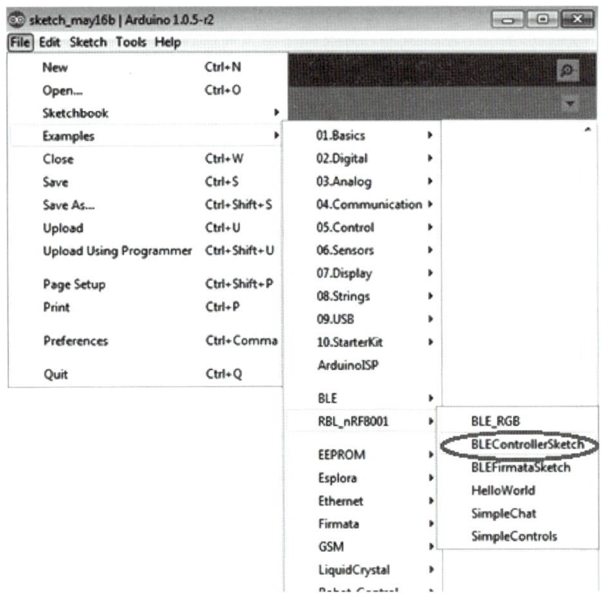

7 아두이노 IDE 도구에서 보드와 시리얼 포트를 확인한다.

8 스케치를 업로드하면 아두이노는 준비 완료이다. 스케치를 오픈한 캡처는 번거로움 해소 차원에서 여기 인쇄하는 것을 생략하였다.

아이폰 작업 순서

다음은 아이폰 순서이다.

1 아이폰에서 App Store를 클릭하여 'BLE Controller' 를 다운로드한다.

2 아이폰 설정에서 Bluetooth 버튼을 ON 상태로 한다.

3 BLE Controller 앱을 활성화시킨다.

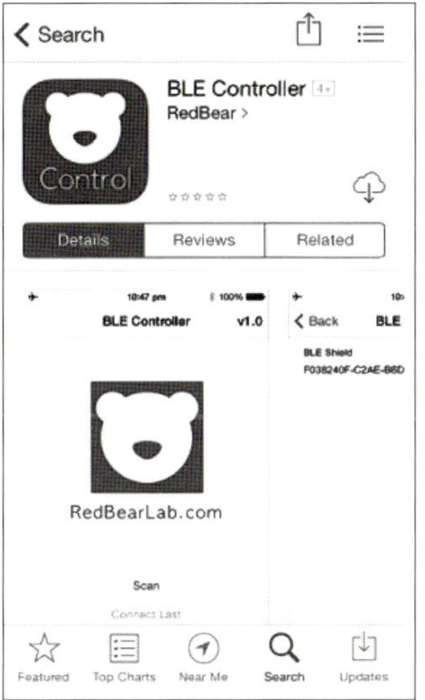
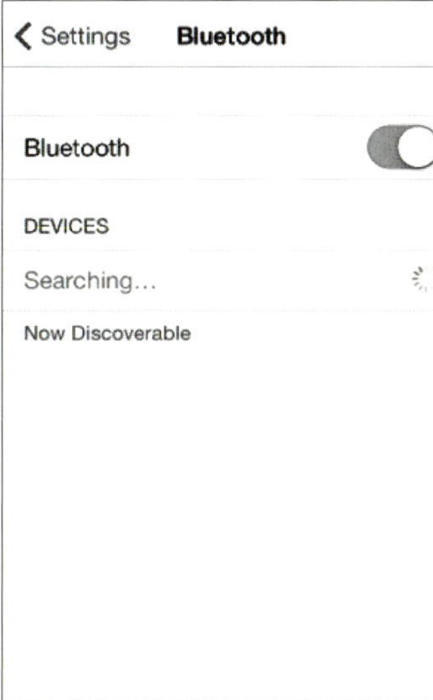
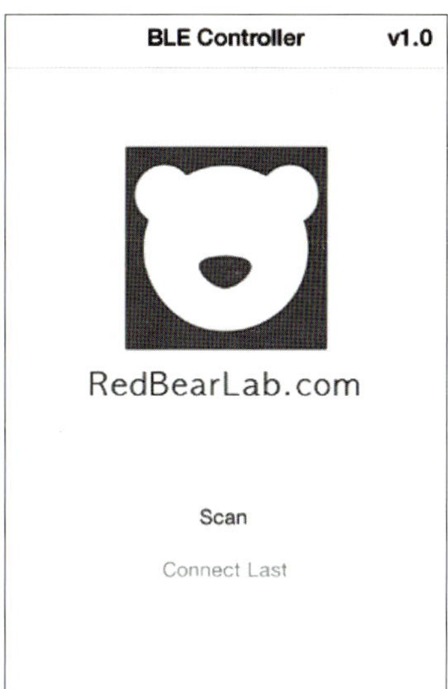

4 앱 창 중간에 있는 Scan을 터치하면 주위에 있는 BLE 장치들을 나타낸다. RedBear를 선택하면 연결(패어링)한다.

5 아두이노의 모든 핀과 선택 버튼 화면이 나온다.

6 이제 핀 모드와 상태를 설정하여 아두이노 BLE 쉴드를 컨트롤할 수 있다.

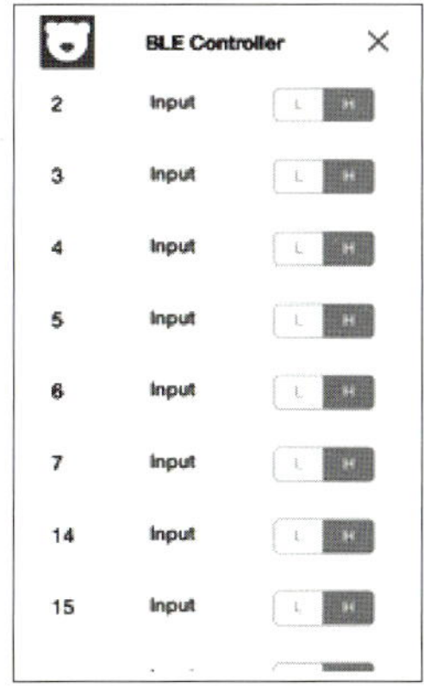
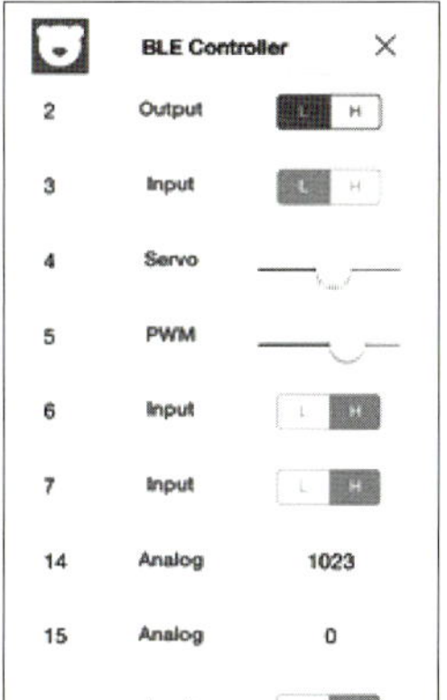

Xbee는 Digi 사에서 만드는 RF(Radio Frequency) 무선 통신 모듈이다. 유선 시리얼 통신인 UART를 무선으로 대체한 것이 Xbee이다.

Xbee는 와이파이와 달리 중계기(공유기) 없이 통신하고, 1:1 또는 1:다수 통신이 가능하다. 블루투스보다 통신 거리도 길다. 일반 엑스비의 통신 가능 거리가 100m이지만 프로(Pro)인 경우는 1.6km 이상 먼 거리 통신이 가능한 모듈도 있다. 물론 그만큼 전력 소모가 많다.

엑스비는 로봇 컨트롤, 집안의 온습도 조절 및 조명 상황 모니터링 등 여러 분야에 사용할 수 있다. 이 책에서는 Xbee S1을 사용했다. S1은 지정해 주어야 하는 파라미터가 적어 입문하기가 비교적 용이하기 때문이다.

Xbee를 PC와 통신할 수 있게 해주는 Explorer가 필요하다. PC에서 Xbee를 목적에 적합하게 세팅한다. 세팅된 Xbee를 아두이노에 장착하려면 쉬운 방법은 Xbee 쉴드를 사용하는 것이다. 아래에 여기 언급된 Xbee와 Explorer 그리고 쉴드와 아두이노 우노 그림이 있다.

| Xbee | Explorer USB | Xbee 쉴드 | 아두이노 우노 |

Xbee 자체를 이해하기 위하여 아두이노를 사용하지 않는 예제를 몇 종류 소개하려 한다. 첫 번째 예제는 LED 하나를 ON/OFF시키는 것이다. 그다음은 LED 4개를 ON/OFF시키는 예제이다. LED 컨트롤은 Xbee에 있는 디지털 핀을 사용하는 것이다. Xbee에 있는 아날로그 핀을 사용할 수도 있다. 가변 저항을 사용하여 아날로그 INPUT 값을 조정하고, 디지털 핀의 PWM 기능을 활용하여 LED 빛의 밝기를 컨트롤 할 수도 있다. Xbee는 그 자체가 아두이노와 매우 유사한 기능을 가지고 있다. 우선 프로젝트를 통해 동작을 확인하고, 그다음 여기에 사용된 기술에 대하여 설명하기로 한다.

Xbee로 컨트롤할 수 있는 방법들을 다음 그림으로 표시했다.

1. Xbee-Xbee만 사용하여 컨트롤하는 방법

2. 아두이노(+Xbee)에서 PC로 데이터 보내기

3. PC에서 아두이노로 명령 보내어 컨트롤하기

4. PC 없이 아두이노-아두이노 통신하여 컨트롤하기

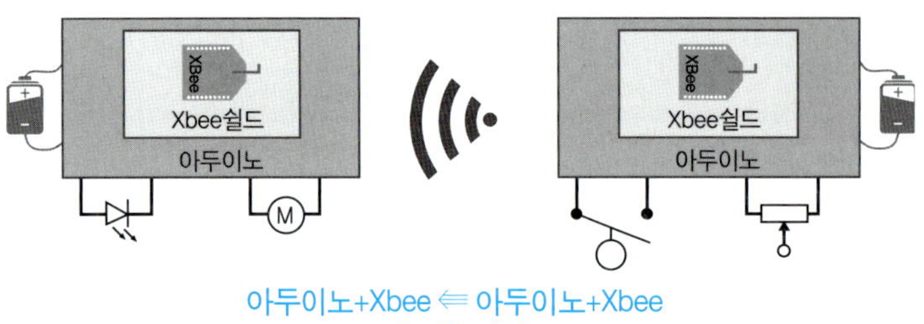

Xbee를 세팅하는 소프트웨어인 X-CTU를 다운로드 받아야 한다. Xbee 제조사인 DIGI사 사이트 http://www.digi.com 또는 국내 Xbee 인증 회사인 tessol.com(테솔)을 방문해 다운로드할 수 있다.

설치 완료 후 바로가기를 바탕화면에 만들어 두면 이어지는 일련의 Xbee 프로젝트에서 편하게 사용할 수 있다.

Xbee-Xbee만 사용하여 컨트롤하는 방법:
두 개의 Xbee만 사용, 무선으로 LED를 ON/OFF 하기

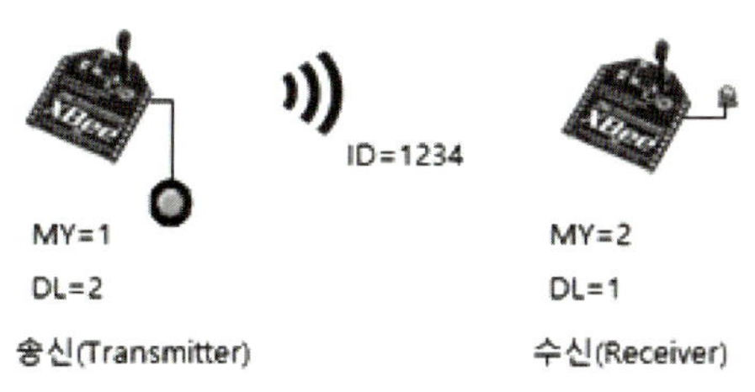

처음 시작하는 Xbee 작업이어서 각 단계별 작업을 캡처한 그림과 함께 자세하게 설명하겠다. 한 번만 익히면 그다음 프로젝트부터는 빠르게 셋업 작업을 진행할 수 있다.

준비물
- X-bee 2개, Explorer 2개, 브레드보드 2개
- 3.3V 배터리 2개, 푸시버튼 1개
- LED, 10k 옴 저항 각 1개

서로 통신하기 위하여 두 Xbee는 같은 ID를 가져야 한다.

MY(내 주소)와 DL(목적지 주소)는 송신과 수신 Xbee는 서로 크로스하게 지정하여야 한다.

데이터를 보내는 송신(Transmission) Xbee 세팅하기

1 Explorer에 Xbee를 장착 ⇒ PC와 연결하고, X-CTU 를 클릭한다.

2 처음 열리는 X-CTU 창이 PC Settings이며, 현재 Explorer와 연결된 포트 및 동신 속도인 Baud 등이 표시된다. Baud를 9600으로 유지하는 것이 첫 프로젝트에서는 무난하다. Xbee 상태를 확인하기 위해 Test/Query를 클릭한다.

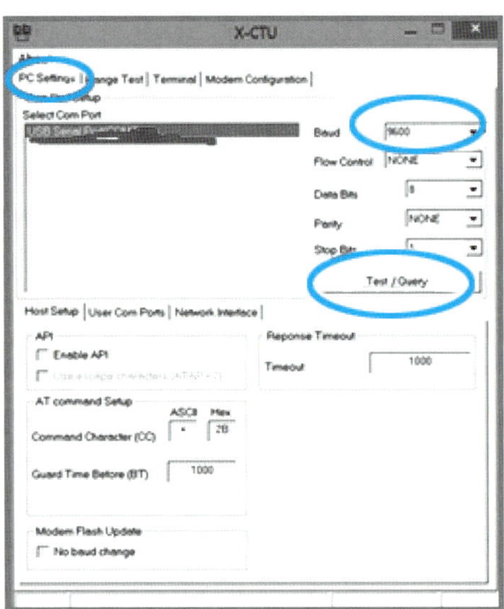

③ 다음과 같은 창이 나오면 Xbee 상태는 좋은 것이다. OK를 클릭한다.

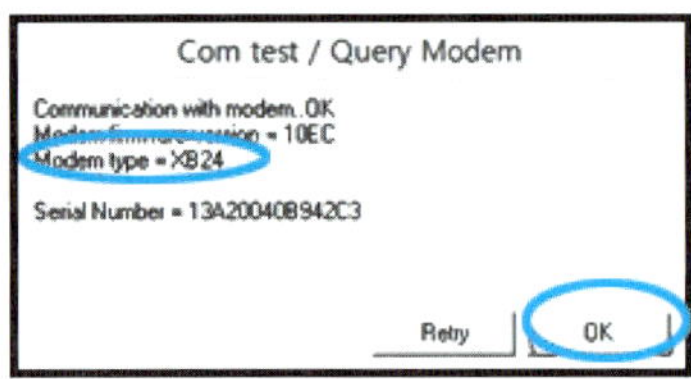

④ Modem Configuration에서 주소를 세팅한다.

- X-CTU 창에서 Modem Configuration을 클릭한 후, Read를 클릭하면 Xbee가 이전에 세팅되었던 값을 읽어 온다.
- CH-Channel 값은 송수신 Xbee가 같아야 한다. 여기에서는 임의로 10을 부여한다.
- ID-PANID 값도 송수신기가 같아야 한다. 여기에도 임의로 1234 부여한다.
- DL은 목적지 주소(Destination Address)이다. 임의로 부여할 수 있으며, 수신기에서 이 주소를 사용해야 한다. DL에 2을 부여하기로 한다.
- MY는 내 주소이다. 여기에서는 임의로 1을 부여하기로 한다.

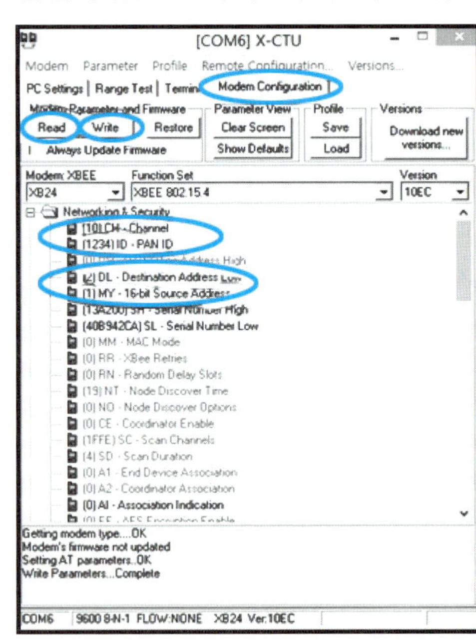

5 INPUT/OUTPUT 디지털 핀과 샘플링에 대한 세팅을 한다.

- 세팅 항목을 내려서 I/O Setting으로 가서
- D0-D100 Configuration을 3으로 만든다.(Digital OUT이다)
- PR 즉 풀업 저항을 0으로 한다
- IT-Sample Before TX는 데이터 보내기 전에 5개 샘플을 하도록 5를 부여. 다른 값도 가능하다.
- IR-Sample Rate는 20ms로 한다. 이제 다 수정하였으므로,
- Write를 클릭하면 송신기 세팅 완료이다.

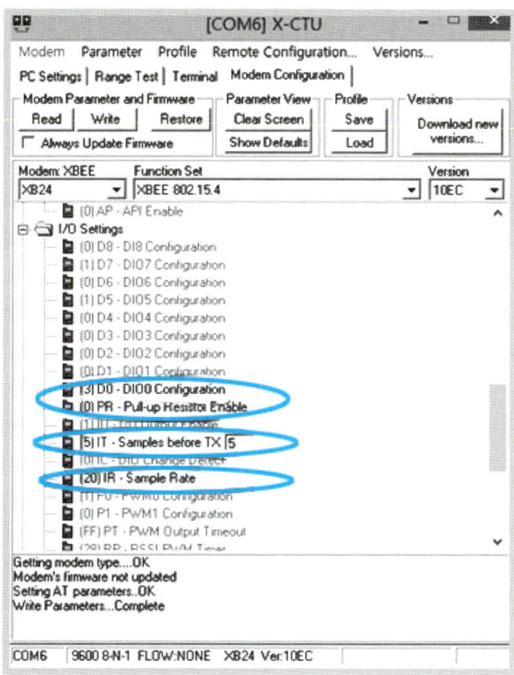

데이터를 받는 수신(Receive) Xbee 세팅하기

1 위에서와 같은 방법으로 새로운 Xbee를 장착하고, 새로운 X-CTU를 오픈한다.

2 PC Settings에서 연결된 포트 및 통신 속도 Baud 9600을 확인한다.

3 앞에서와 같이 Test/Quary 결과가 좋은 것으로 나오면 OK를 클릭한다.

4 Modem Configuration에서 주소를 세팅한다.

- X-CTU 창에서 Modem Configuration을 클릭한 후, Read를 클릭하여 Xbee의 이전 세팅된 값을 읽어 온다.
- CH-Channel 값은 송수신 Xbee가 같아야 한다. 여기에서는 임의로 10을 부여한다.
- ID-PANID 값도 송수신기가 같아야 한다. 여기에도 임의로 1234 부여한다.
- DL 즉 목적지 주소(Destination Address)는 1을 입력한다 (송신기의 MY 값)

MY는 2를 입력한다.(송신기 DL 값)

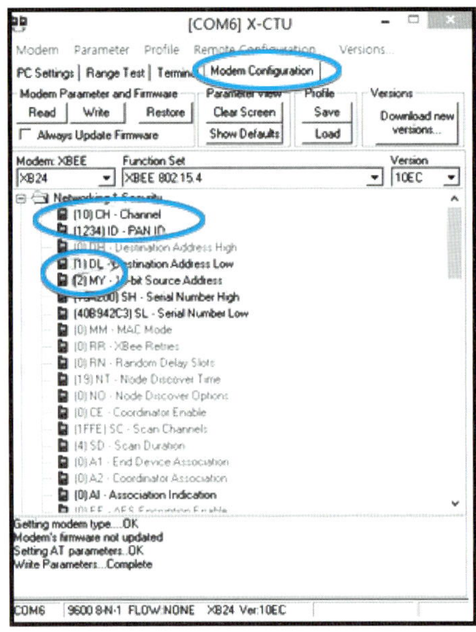

5 INPUT/OUTPUT 디지털 핀을 세팅한다.

- D0-D100 Configuration을 4로 만든다.(4 DO LOW는 Digital OUT LOW이다)
- PR 즉 풀업 저항을 1로 한다.

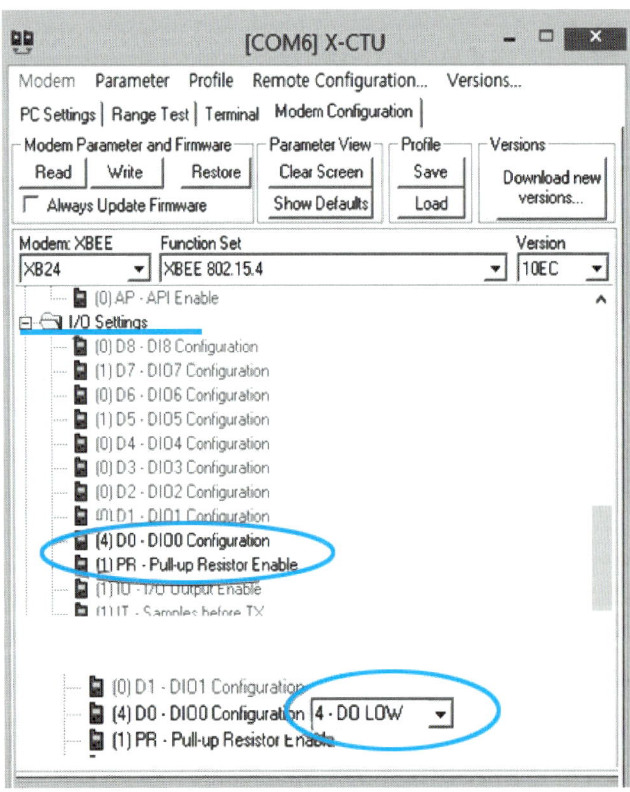

6 I/O Line Passing을 1로 세팅한다.

- I/O Input Address의 Set을 클릭, 열리는 창에 송신 Xbee의 MY 값 1을 입력한다.
- Write를 클릭하면 완성이다.

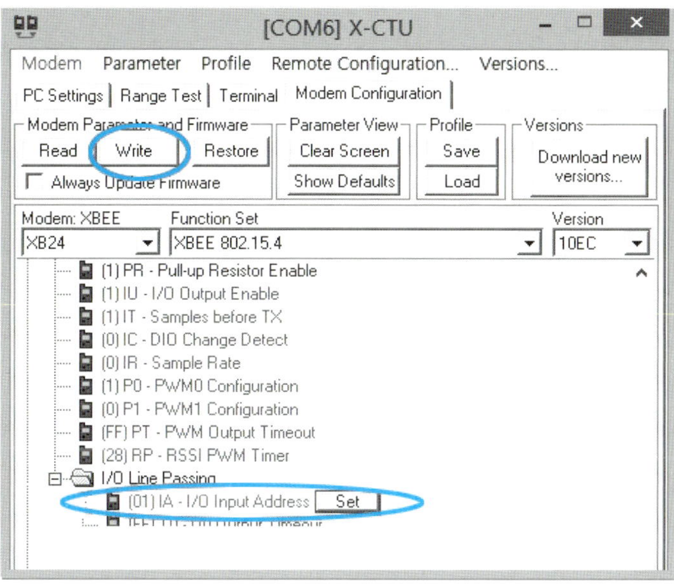

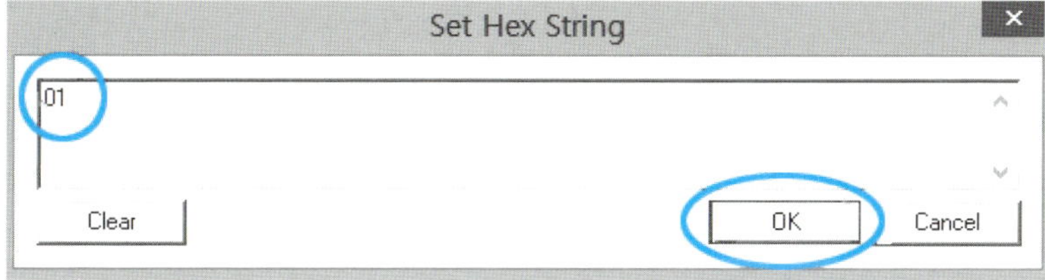

회로연결

Xbee 20번 핀이 디지털 0번 핀이다. 송신 0번 핀에서 스위치를 ON시키면, 수신 0번 핀에서 받아 LED를 ON시키는 실습이다.

Xbee는 20개 핀을 가지고 있다. 20번 핀을 예로 들면 아날로그 입력 0번으로 사용하거나 디지털 입력/출력 0번으로도 사용할 수 있다.

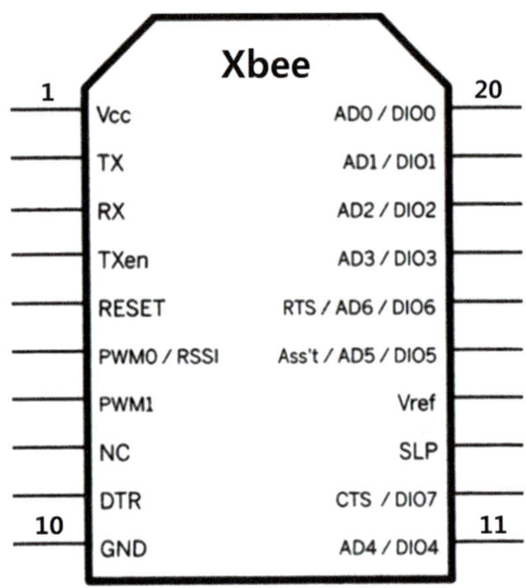

핀	이름
1	VCC
10	GND
20	D0

Xbee 핀 설명 테이블

Pin #	Name	Direction	Description
1	VCC	-	Power supply
2	DOUT	Output	UART Data Out
3	DIN / $\overline{\text{CONFIG}}$	Input	UART Data In
4	DO8*	Output	Digital Output 8
5	$\overline{\text{RESET}}$	Input	Module Reset (reset pulse must be at least 200 ns)
6	PWM0 / RSSI	Output	PWM Output 0 / RX Signal Strength Indicator
7	PWM1	Output	PWM Output 1
8	[reserved]	-	Do not connect
9	$\overline{\text{DTR}}$ / SLEEP_RQ / DI8	Input	Pin Sleep Control Line or Digital Input 8
10	GND	-	Ground
11	AD4 / DIO4	Either	Analog Input 4 or Digital I/O 4
12	$\overline{\text{CTS}}$ / DIO7	Either	Clear-to-Send Flow Control or Digital I/O 7
13	ON / SLEEP	Output	Module Status Indicator
14	VREF	Input	Voltage Reference for A/D Inputs
15	Associate / AD5 / DIO5	Either	Associated Indicator, Analog Input 5 or Digital I/O 5
16	RTS / AD6 / DIO6	Either	Request-to-Send Flow Control, Analog Input 6 or Digital I/O 6
17	AD3 / DIO3	Either	Analog Input 3 or Digital I/O 3
18	AD2 / DIO2	Either	Analog Input 2 or Digital I/O 2
19	AD1 / DIO1	Either	Analog Input 1 or Digital I/O 1
20	AD0 / DIO0	Either	Analog Input 0 or Digital I/O 0

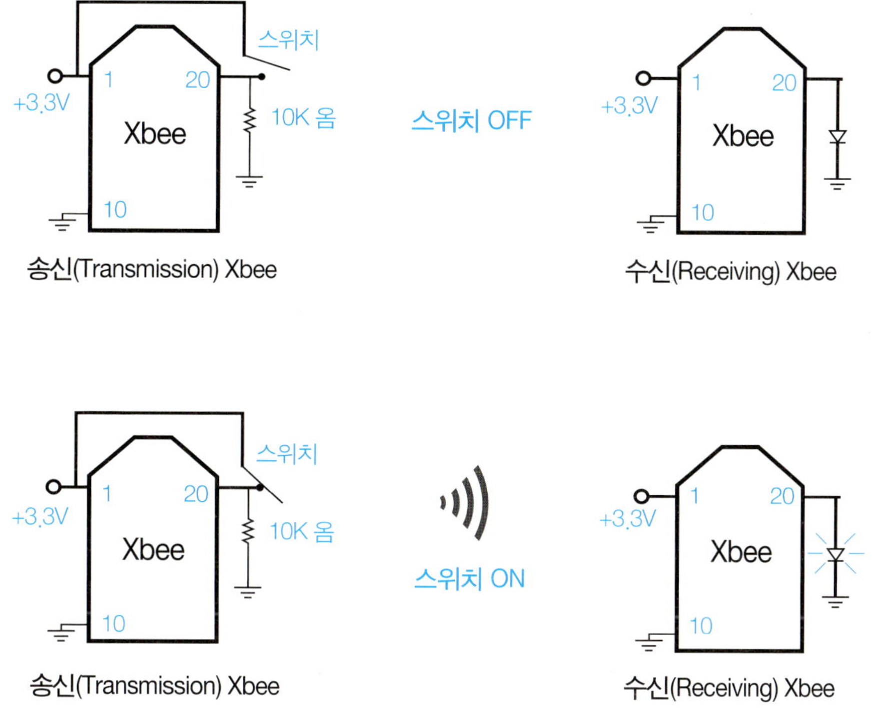

Xbee는 3.3V 전압을 사용한다. 5V를 사용하면 손상을 입을 수 있으니 유념해야 한다.
스위치를 누르면 다른 쪽 Xbee에 연결된 LED가 ON 되는 것을 볼 수 있다.

Xbee-Xbee만 사용하여 컨트롤하는 방법:
두 개의 Xbee 사용, 4개 LED 무선 컨트롤하기

앞에서는 LED 1개를 컨트롤 하는 실습을 했다. 이번에는 4개 LED를 컨트롤해 보자.

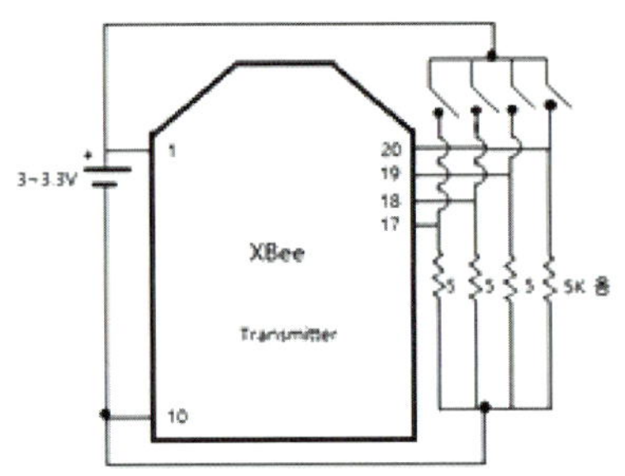

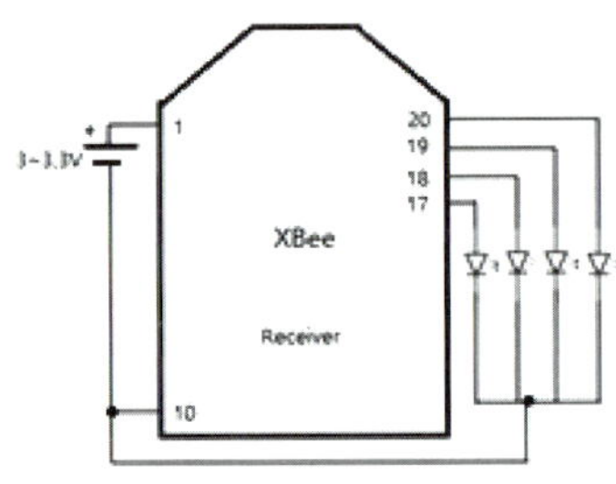

LED 4개 콘트롤

준비물
- X-bee 2개, Explorer 2개, 브레드보드 2개
- 3.3V 배터리 2개, 푸시버튼 4개
- LED, 5k 옴 저항 각 4개

왼편에 송신기(Transmitter)로 지정한 Xbee, 오른쪽에 수신기(Receiver)로 지정한 Xbee가 있다. 앞에 있는 1개 LED를 세팅한 방법과 같다. 다만 4개 핀을 활성화시켜 주면 된다.

송신(Transmitter) Xbee 세팅	수신(Receiver) Xbee 세팅
1. Xbee를 Explorer에 장착하고 USB 케이블 사용 PC와 연결한다.	1. Xbee를 Explorer에 장착하고 USB 케이블 사용 PC와 연결한다.
2. X-CTU 소프트웨어를 활성화시킨다.	2. X-CTU 소프트웨어를 활성화시킨다.
3. 열린 창에서 연결된 포트, BAUD(9600)을 확인하고 Test/Query를 클릭 Xbee 연결 확인	3. 열린 창에서 연결된 포트, BAUD(9600)을 확인하고 Test/Query를 클릭 Xbee 연결 확인
4. Modem Configuration ⇒ Read, Network/Security • [1234] ID PAN ID를 임의 값 1234 로 • [2] DL Destination Address 값 2 부여 • [1] MY Address 값 1 부여	4. Modem Configuration ⇒ Read, Network/Security • [1234] ID PAN ID를 임의 값 1234 로 • [1] DL Destination Address 값 • [2] MY Address 값 1 부여
5. I/O Setting에서 • D3~D0를 [3] Digital Input으로 • PR Pull up Resistor를 [0]으로 • IT Sample Before를 [5]로 • IR Sample Rate를 [14]로 한다	5. I/O Setting에서 • D3~D0를 [4] Digital Output으로 • PR Pull up Resistor를 [1]로
6. Write를 클릭하여 세팅을 완료한다.	6. I/O Line Passing, IA를 [1]로 Set
	7. Write를 클릭하여 세팅을 완료한다.

송신기에서는 풀 다운 저항을 사용하여서 평상시 스위치를 ON시키지 않은 상태일 때 핀 D0~D3 즉 Digital Input은 항상 0인 값을 유지할 수 있게 했다. 스위치가 ON되었을 경우만 3V 전압이 디지털 핀으로 입력된다. 송신기에서는 내부 풀 업 저항을 사용하지 않았다.

보낼 데이터는 샘플링하기 전에 5개의 값은 버리라고 하는 것이 IT Sample Before이다. 보내는 샘플링 속도는 HEX 14 즉 20(DEC)로 세팅한 것이다.

모든 세팅 작업은 Write를 클릭해서 Xbee에 입력해야 완성된다.

수신기에서 LED를 ON시키려면 디지털 핀 D0~D3를 OUTPUT 모드로 해야 한다. 또 LED에 과전류가 흐르는 것을 막기 위해 Pull up 저항을 사용했다. I/O Line Passing에서 데이터가 들어오는 Input 주소는 송신기의 MY 값과 같게 해 주어야 한다. 받는 수신에서는 샘플링을 할 필요가 없다. 여기에서도 모든 세팅 작업은 Write를 클릭해서 Xbee에 입력해야 완성된다.

앞에서 수행한 실습은 디지털 INPUT과 OUTPUT을 사용한 것이다. 동일한 방법으로 아날로그 입력과 출력을 컨트롤할 수 있다. 아날로그에서 달라지는 것은 송신쪽 I/O 세팅에서 20번 핀을 사용하려면 [2] D0 즉 [2-ADC]인 아날로그 입력을 사용해야 한다. 수신 Xbee에서 아날로그 출력을 원하면 6번 [PWM0] 또는 7번 [PWM1]을 사용할 수 있다.

Xbee의 핀 레이아웃을 살펴보자.

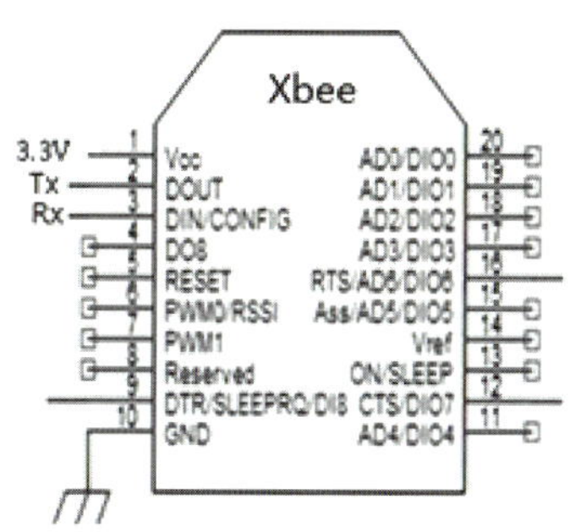

프로젝트에서 사용할 핀들의 번호와 내용을 아래 표에 요약했다.

핀 번호	기능	표시
11번	전원 입력 핀(3.3V)	VCC
10번	전원 그라운드 핀	GND
6~7번	유사 아날로그 핀	PWM
12번	디지털 INPUT/OUTPUT 핀	DIO
20~15, 11번	아날로그 INPUT 및 디지털 I/O겸용 핀	AD/DIO
14번	ADC 사용 시 레퍼런스 전압 입력용	Vref

Xbee-Xbee만 사용하여 컨트롤하는 방법:
두 개의 Xbee만 사용, 아날로그 입력과 PWM 출력 컨트롤

송신 Xbee에 가변 저항을 연결하여 아날로그 입력 값을 조정할 수 있게 하고, 수신 Xbee는 PWM 출력으로 LED 밝기를 컨트롤하는 프로젝트를 해보자.

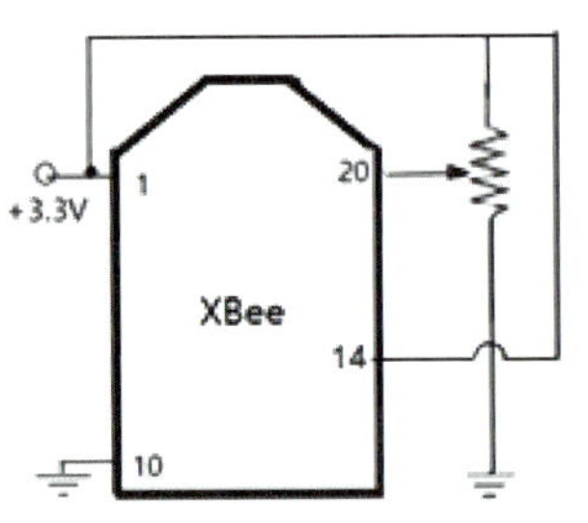

송신(Transmission) Xbee

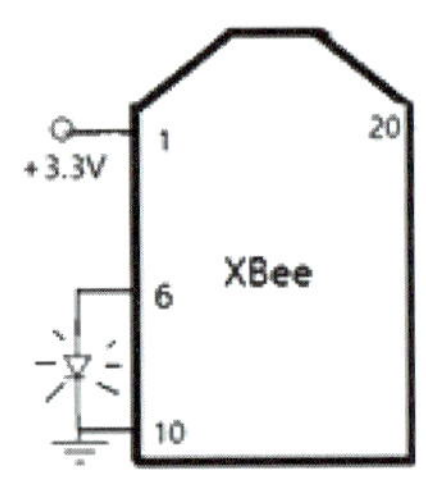

수신(Receiving) Xbee

가변저항 값에 따른 LED 밝기 조절

준비물
- X-bee 2개, Explorer 2개, 브레드보드 2개
- 3.3V 배터리 2개, 옴 저항 1개
- LED, 10k 옴 저항 각 1개

X-CTU로 Xbee를 각각 세팅한다.

송신(Transmitter) Xbee 세팅	수신(Receiver) Xbee 세팅
1. Xbee를 Explorer에 장착하고 USB 케이블 사용 PC와 연결한다.	1. Xbee를 Explorer에 장착하고 USB 케이블 사용 PC와 연결한다.
2. X-CTU 소프트웨어를 활성화시킨다.	2. X-CTU 소프트웨어를 활성화시킨다.
3. 열린 창에서 연결된 포트, BAUD(9600)을 확인하고 Test/Query를 클릭 Xbee 연결 확인(OK).	3. 열린 창에서 연결된 포트, BAUD(9600)을 확인하고 Test/Query를 클릭 Xbee 연결 확인.
4. Modem Configuration ⇒ Read, Network/Security • [1234] ID PAN ID를 임의 값 1234로 부여 • [2] DL Destination Address 값 2 부여 • [1] MY Address 값 1 부여	4. Modem Configuration ⇒ Read, Network/Security • [1234] ID PAN ID를 임의 값 1234로 부여. • [1] DL Destination Address 값 • [2] MY Address 값 1 부여
5. I/O Setting에서 • D0를 [2] ADC로: 핀 20을 Analog INPUT으로 • PR Pull up Resistor를 [0]으로 • IT Sample Before를 [5]로 • IR Sample Rate를 [14]로 한다	5. I/O Setting에서 • P0를 [2] PWM OUTPUT: 핀 6를 PWM으로 • PR Pull up Resistor를 [1]로
6. Write를 클릭하여 세팅을 완료한다.	6. I/O Line Passing, IA를 [1]로 Set
	7. Write를 클릭하여 세팅을 완료한다.

송신 Xbee I/O Setting에서 D0(핀 20번)에서 가변저항으로 아날로그 볼트 값을 입력하게 된다. D0를 [2]로 세팅하면 [2-ADC]라는 글씨를 볼 수 있는데, 아날로그-디지털-컨버터의 역할을 수행하라는 것이다.

수신 Xbee I/O Setting에서 P0(핀 6번) [2] PWM OUTPUT으로 만들어 여기에 연결된 LED 밝기를 조절할 수 있도록 했다.

하드웨어 연결에서 14번 핀은 Analog INPUT 사용 시 기준 전압(VREF)을 입력시켜 주어야 한다는 점을 유의해야 한다. 연결이 완료되었으면 가변저항을 변화시켜 보자. LED 밝기가 변화되는 것을 볼 수 있다.

조명의 밝기뿐만 아니라 모터의 속도 조절 등 여러 가지 응용에 유용하게 사용할 수 있다. (단 큰 전압 또는 전류를 사용해야 하는 응용은 책 뒤의 전기 · 전자 응용을 꼭 참조하기 바란다.)

Xbee만으로 여러 가지 무선 조정하는 실습을 했다. 아쉬운 사항은 모두 수동으로 조작해야 했다는 점이다. 원격에서 조정하면서, 자동으로 원하는 시간에 작업하게 할 수 있는 방법은 지금부터 설명할 우리의 친구 아두이노를 Xbee와 합하여 사용하는 것이다.

아두이노(+Xbee)에서 PC로 데이터 보내기

아두이노에서 센싱된 데이터를 PC에서 모니터링하는 실습을 구현하는 구성을 아래에 그림으로 나타냈다.

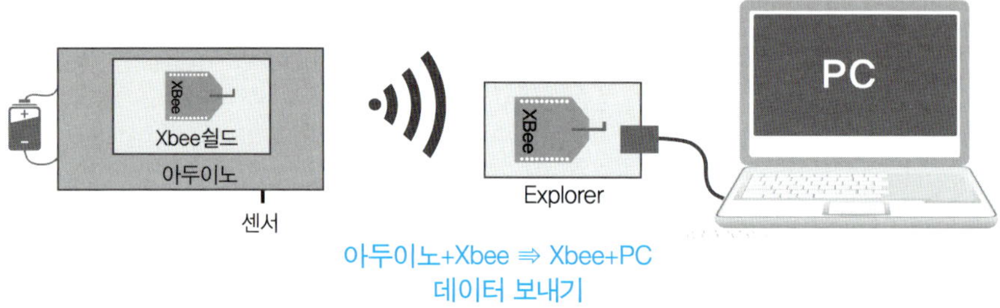

준비물
- 아두이노 우노 1개, Xbee 2개
- Explorer 1개, Xbee 쉴드 1개
- 3.3V 배터리 1개
- 케이블(PC-Explorer 용)

아두이노에서 센서로 데이터를 읽는 방법은 앞에서 여러 번 실습했다. 이번에는 하드웨어 연결을 간단하게 하기 위하여, 아두이노에서 숫자를 생성시키게 하고 Xbee를 통해 숫자를 무선으로 송신하게 한다. 그러면 PC에 연결된 수신 Xbee에서 이 숫자를 받아 시리얼 모니터에 나타내게 하는 프로젝트이다. 실습 예제는 참고문헌(Zigbee)에 있는 것을 기본으로 활용했다.

1 아두이노에 업로드시킬 스케치를 작성한다. 시리얼 모니터에 숫자를 프린트 하는 간단한 스케치를 작성하면 된다.(아래 참조)

스케치를 업로드 하기 전에 Xbee를 아두이노에서 분리시켜야 한다. 이유는 Xbee도 UART 통신을 하기 때문이다.

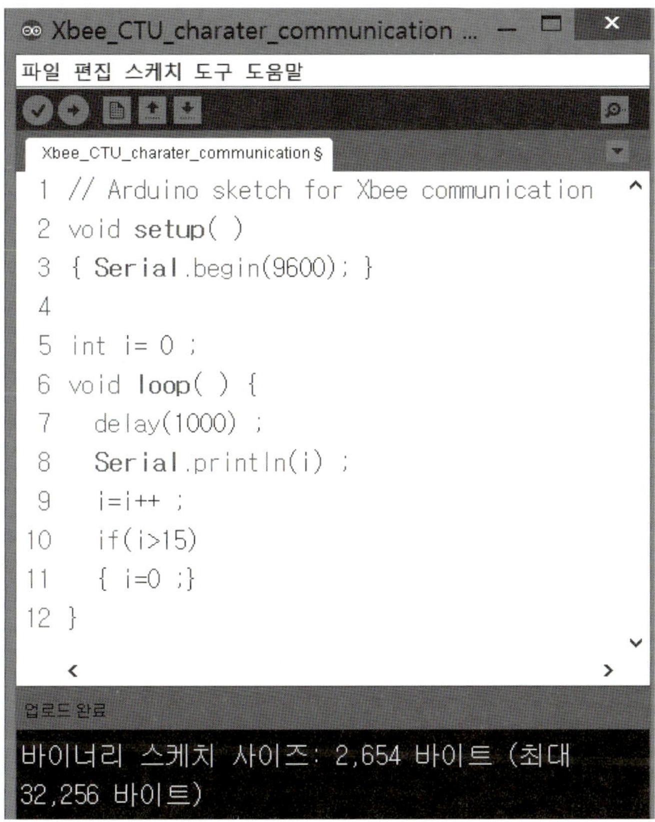

스케치를 업로드 한 다음 시리얼 모니터를 열면 아래 캡처와 같이 숫자가 프린트 되는 것을 볼 수 있다.

118

2 아두이노에 Xbee를 장착시킨다.

Xbee를 쉴드와 연결하고 쉴드를 아두이노에 장착시킨다. 이때 쉴드의 점퍼(또는 스위치)를 Xbee 통신할 수 있는 위치가 되게 해야 한다.

3 수신 Xbee를 PC에 연결한다.

수신 Xbee를 Explorer에 장착하고 USB 케이블로 PC와 연결하면 하드웨어 연결 완료이다.

송신 Xbee가 장착된 아두이노에 3V 파워를 연결하고, 수신 Xbee가 있는 PC에서 X-CTU를 오픈시킨다. Terminal을 클릭하면 원격에서 아두이노가 보내는 숫자를 볼 수 있다. 실시간으로 숫자가 바뀌는 것을 확인할 수 있다.

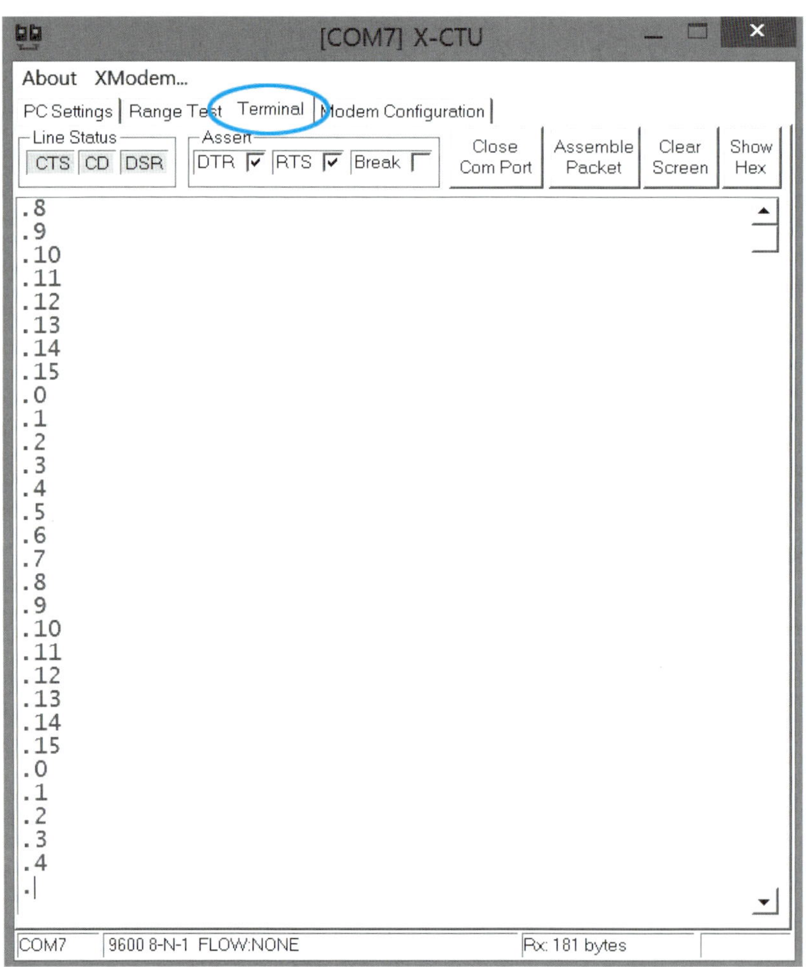

119

PC에서 아두이노로 명령 보내어 컨트롤하기

앞 실습에서는 외부에 있는 아두이노에서 데이터를 내부에 있는 PC로 보냈다. 이번에는 반대로 내부에 있는 PC에서 외부에 있는 아두이노를 컨트롤하는 실습이다.

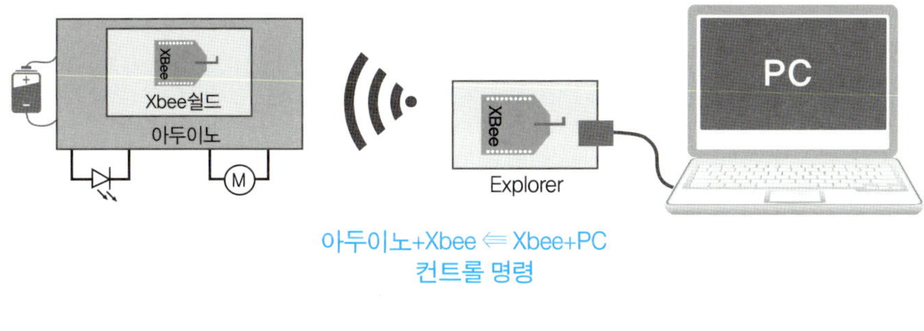

준비물
- 아두이노 우노 1개, Xbee 2개
- Explorer 1개, Xbee 쉴드 1개
- 3.3V 배터리 1개, LED 1개
- 케이블(PC-Explorer 용)

1 아두이노에 업로드시킬 스케치를 작성한다.

이번 실습은 LED 1개만 11번 핀에 연결하여 컨트롤 한다. 스케치는 y라는 글자가 시리얼 버퍼에 들어오면 LED를 2초 동안 ON시키는 작업을 한다. Xbee는 아두이노와 분리된 상태이어야 한다.

Xbee_Remote_1LED | 아두이노 1.0.6

파일 편집 스케치 도구 도움말

Xbee_Remote_1LED §

```
1  // Xbee Remde 1 LED
2  int led=11 ;
3  void setup() {
4    pinMode(led, OUTPUT) ;
5    Serial.begin(9600) ;
6  }
7  void loop() {
8    if (Serial.available() > 0) {
9      if (Serial.read() =='y') {
10       digitalWrite(led, HIGH) ;
11       delay(2000) ;
12       digitalWrite(led, LOW) ;
13     }
14   }
15 }
```

2 아두이노에 Xbee를 장착시킨다.

Xbee를 쉴드와 연결하고 쉴드를 아두이노에 장착시킨다. 이때 쉴드의 점퍼(또는 스위치)를 Xbee 통신할 수 있는 위치가 되게 하여야 한다.

3 송신 Xbee를 PC에 연결한다.

송신 Xbee를 Explorer에 장착하고 USB 케이블로 PC와 연결하면 하드웨어 연결 완료이다.

수신 Xbee가 장착된 아두이노에 3V 파워를 연결하고, 송신 Xbee가 있는 PC에서 X-CTU를 오픈시킨다. Terminal을 클릭하면 빈 화면이 나온다. y를 입력하면 LED가 2초 동안 ON된다.

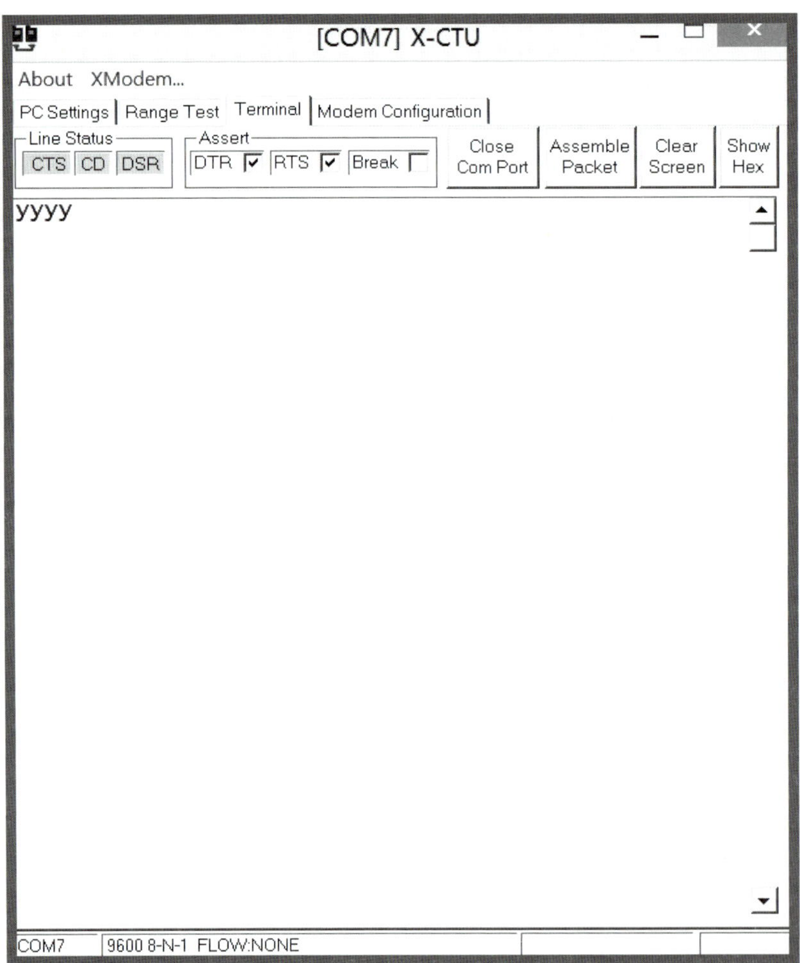

Xbee 아두이노를 사용하기 위해 PC를 항상 휴대해야 하는 불편, 비효율을 없애는 방법은 이어지는 Xbee+아두이노 ⇔ Xbee+아두이노 컨트롤 방법이다.

아두이노+Xbee ⇔ 아두이노+Xbee 통신으로 컨트롤하기

이번 프로젝트는 LED 1개만 ON 되도록 하자. 아래 오른쪽에 있는 송신 스케치에서 버튼을 디지털 핀 12에 연결하는 것으로 했다. 왼쪽에 있는 수신 스케치에는 디지털 11번 핀에 LED를 연결하는 것으로 했다. 이 프로젝트에서도 Xbee 세팅은 아무 것도 지정하지 않은 팩토리 세팅을 그대로 사용했다.

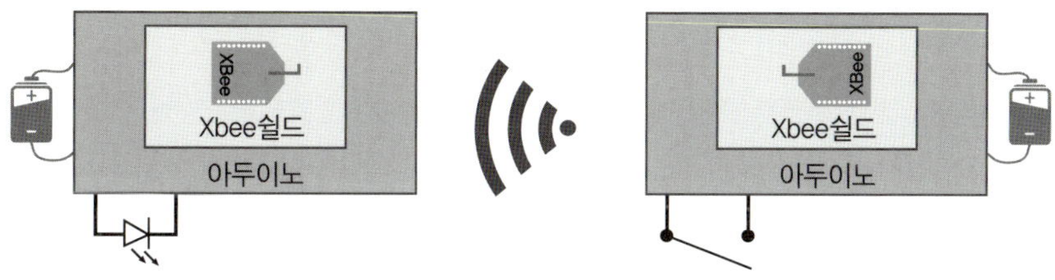

아두이노+Xbee ⇐ 아두이노+Xbee

컨트롤 명령

준비물
- 아두이노 우노 2개, Xbee 2개
- Explorer 1개, Xbee 쉴드 1개, 10K 옴 저항 1개
- 3.3V 배터리 2개, LED 1개, 푸시버튼 1개
- 케이블(PC-Explorer용)

스케치

수신과 송신 스케치를 비교하기 쉽게 하기 위하여 서로 나란히 위치시켰다.

```
// Receiver : Xbee+Arduino == Xbee+Arduino
int led=11 ;
unsigned long prev_time = 0 ;
char data ;
void setup( )
{ pinMode(led, OUTPUT) ;
  Serial.begin(9600) ; }

void loop( )  {
  if(millis()>=prev_time+100 )
  {
if (Serial.available() > 0)
 data = Serial.read() ;
    if (data =='1')
    { digitalWrite(led, HIGH) ; }
     else if (data =='0')
      { digitalWrite(led, LOW) ; }
  }
 }
```

```
// Transmitter: Xbee+Arduino==Xb+Ad
const int button=12;

void setup()
{ Serial.begin(9600) ; }

void loop()
{
   Serial.println(digitalRead(button));
   delay(50) ;
}
```

버튼 연결 시 주의점은 외부 풀 다운 저항을 사용하여 버튼 OFF 상태일 때는 12번 핀에 확실하게 0V를 인가해야 한다. 그렇지 않으면 주위 노이즈를 픽업하여 수신 Xbee에 1을 보낼 수도 있다.

각기 업로드시킨다. 송신기에서 버튼을 누르면 수신기에 있는 LED가 켜지는 것을 볼 수 있다.

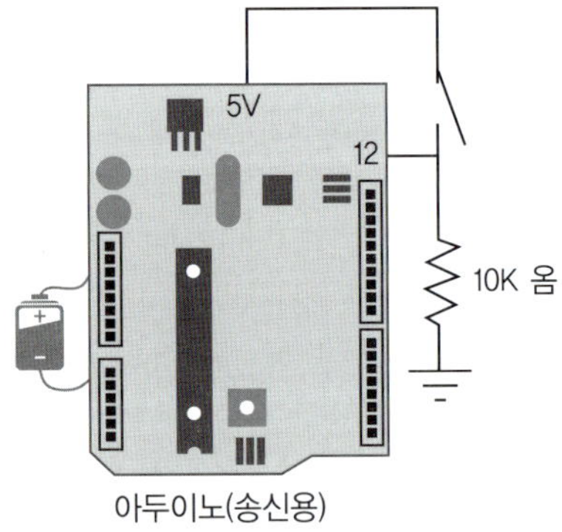

아두이노(송신용)

아두이노(송신용) 버튼 풀다운 저항

Xbee를 사용하는 여러 가지 방법을 소개했다. 더욱 다양한 응용을 원하는 독자에게는 Xbee Pro를 추천한다. Pro는 이 책의 범위 밖이어서 여기에서는 다루지 않기로 했다.

Xbee 트러블슈팅

Xbee는 여러 단계를 거쳐 세팅해야 하는 번거로움이 있고, 어떤 Explorer는 5V와 3.3V 중에서 선택하게 하는 셀렉트 스위치가 장착된 종류도 있다. 본의 아니게 실수를 저지를 수 있는 부분들이 있다. Xbee가 잘못되었다면 국내에서 Xbee를 인증하는 테솔(Tessol)에서 A/S를 받을 수 있다. 그러나 A/S 보내기 전에 몇 가지를 테스트를 해보면, 고장 여부를 판단할 수 있다.

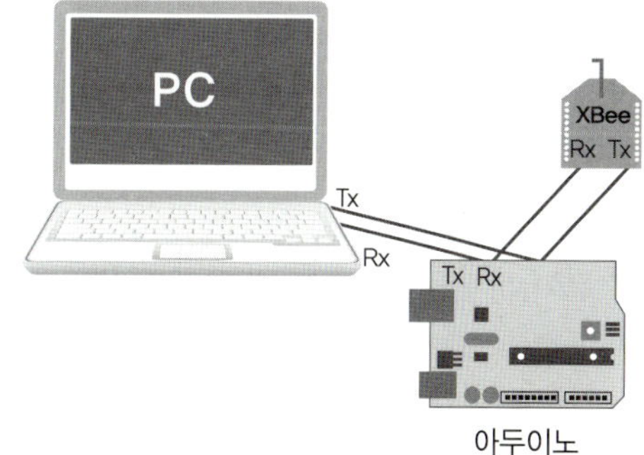

오른쪽 그림과 같이 Xbee도 UART 시리얼 통신을 사용하기 때문에 아두이노에 스케치를 업로드할 때는 반드시 Xbee를 분리시켜야 한다. 처음부터 Xbee를 쉴드와 함께 아두이노에 장착했는데 작동하지 않는다면 변수가 많아 문제점을 파악하기 어렵다. 하나씩 분리해서 테스트하는 것이 좋다.

1 Xbee와 Explorer가 맞는 방향으로 장착되었는지 확인한다.

2 Explorer에 전압 선택 스위치가 있는 경우 반드시 3.3 V로 선택한다.

3 Explorer를 PC COM에서 인식할 수 있는 driver 소프트웨어가 설치되었는지 확인해야 한다.

4 쉴드에 Xbee가 아두이노와 통신할 수 있도록 선택하는 점퍼 핀 또는 스위치 위치 확인해야 한다.

5 X-CTU 소프트웨어 버전이 사용하는 Xbee 용으로 적합한 것인지를 확인해야 한다.

현재 Digi 사에서 다운로드할 수 있는 새로운 버전의 X-CTU에서는 기본형인 Xbee s1을 인식하지 못할 수 있다. 테솔(Tessol) 사이트를 방문하여 이전 버전을 다운로드 받아야 한다. 이 책에서 사용한 버전은 이전 버전이다.

6 Xbee를 Explorer에 장착하고 USB 케이블로 PC와 연결한 후 X-CTU를 클릭하여 오픈하면 아래와 같은 대화 창이 나온다. COM 포트를 확인하고, Test/Query를 클릭해서 다음 페이지 오른쪽과 같은 OK가 있는 메시지가 나오면 일단 문제가 없는 Xbee라고 판단해도 된다.

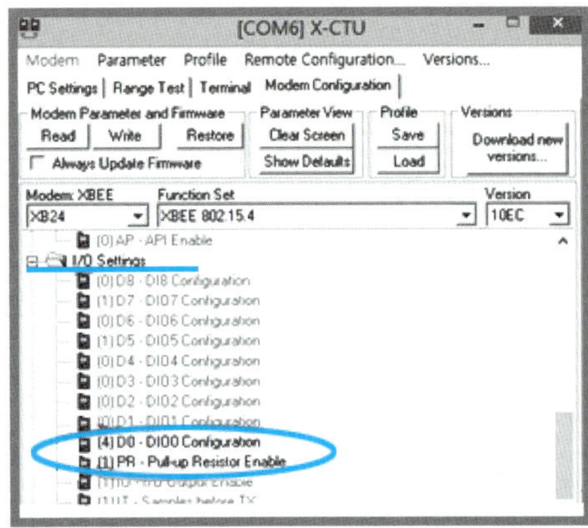

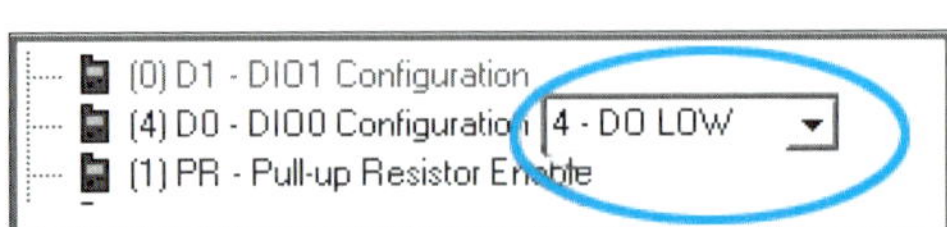

7 통신 가능 여부에 대하여 더 확인하려면 '루프백 테스트'를 할 수 있다.

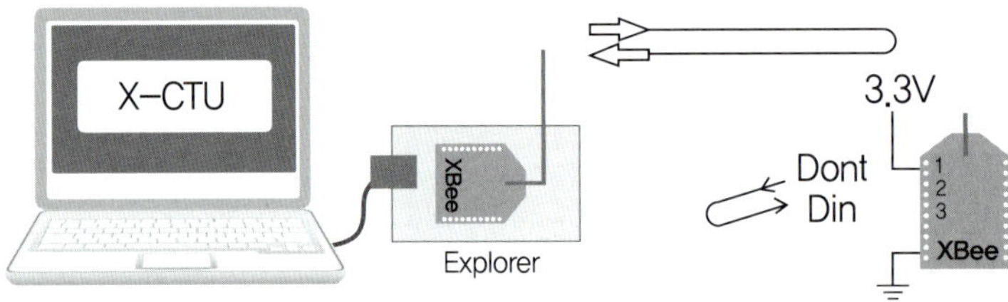

DL, MY 모두 0, 0인 공장 세팅 상태에서 X-CTU를 활성화시키고, Terminal을 클릭한 다음, 열린 창에 아무 단어나 타입하면 같은 단어가 원격에 있는 Xbee에 의해 루프백되어 프린트된다.

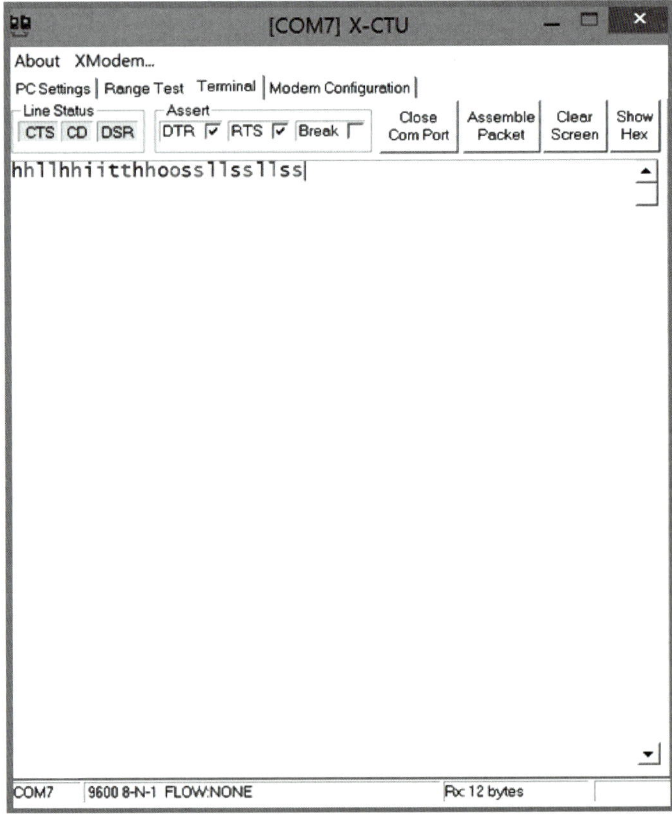

Clear Screen을 클릭하여 창을 깨끗하게 한 다음, Assemble Packet를 클릭하면 Send Packet라는 작은 창이 열린다. Hellow Xbee !!!를 입력한 다음 Send Data를 클릭하면 아래 그림과 같이 문장이 루프백된다.

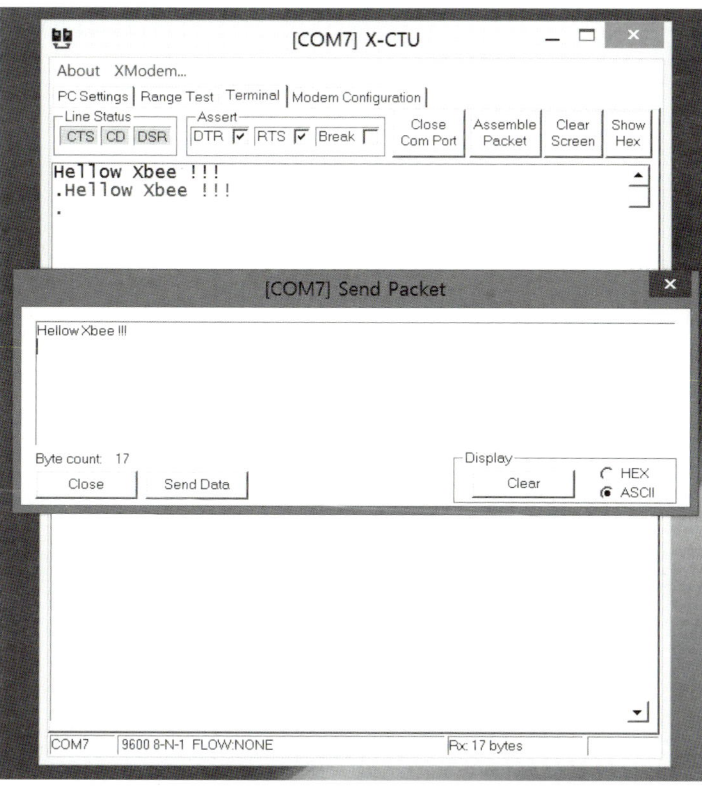

8 Range Test를 할 수 있다. Range Test 창에서 강도를 측정하는 RSSI를 체크하고 Start 버튼을 클릭하면 좋은 상태이면 아래 오른쪽과 같이 테스트 결과가 나온다.

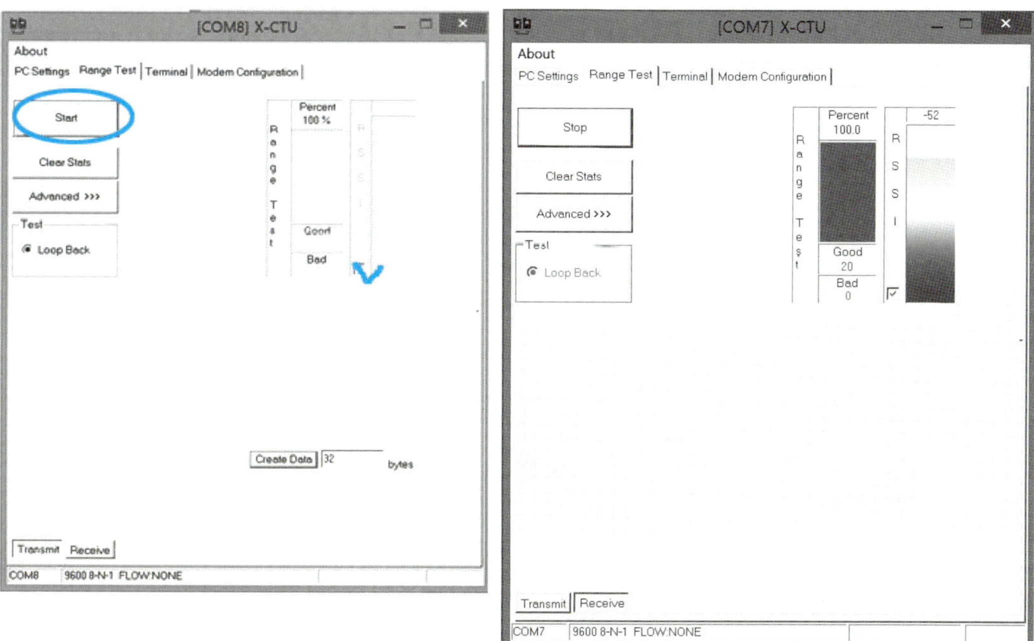

이더넷-인터넷-IOT(Internet Of Things)

인터넷은 스마트폰 및 PC를 외부 세계와 연결하게 해 준다. 이더넷은 인터넷과 연결하기 위한 로컬장치(여기에서는 실내에 있는)들을 뜻하는 것이다. 실내 기기는 공유기와 모뎀을 거쳐야 외부 세상 인터넷과 연결된다. 이더넷 장치에는 컴퓨터와 연결되는 프린터, 외부 저장장치, 게임콘솔 같은 것들이 있다. 아두이노에 이더넷 쉴드를 사용하면 언제 어디서나 인터넷에 접속하여 먼 거리에 있는 기기를 컨트롤

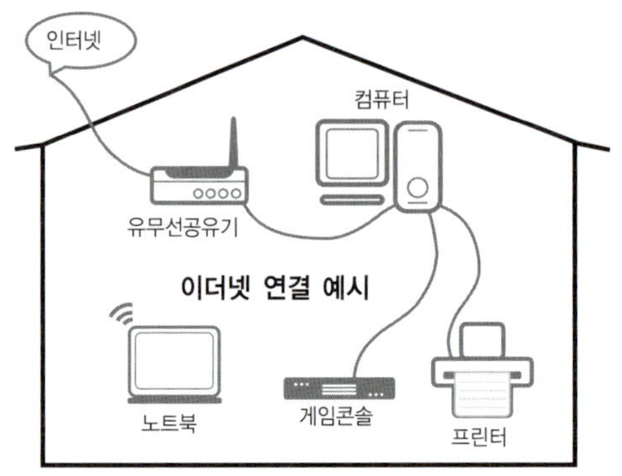

할 수 있기 때문에 IOT(사물 인터넷)를 구현할 수 있게 된다.

IOT 응용은 계속 창출되고 있다. 예를 들면 재난 방지 시스템, 영 유아 모니터링 시스템, 환경관리 시스템, 효율적 전력 사용 등 열거할 수 없을 정도로 많다. 이제 아두이노가 이더넷을 통해 인터넷에 연결하는 방법을 알아보자.

이더넷 쉴드

필요한 준비물은 아두이노(여기에서는 우노)와 이더넷 쉴드이다. 쉴드를 사용하는 것이 이더넷을 이해하기 가장 쉬운 방법이다.

인터넷으로 아두이노에서 수집하는 데이터를 실시간으로 모니터링하는 프로젝트를 수행하고, 이어서 인터넷(스마트폰)으로 아두이노를 컨트롤하는 프로젝트를 한다.

아두이노 이더넷 쉴드 그림이 아래 왼쪽에 있다. 우노에 이더넷 쉴드를 장착한 그림이 오른쪽에 있다. 아두이노 우노 보드위에 이더넷 쉴드를 올려놓고 핀과 홀을 맞추어 누르면 된다.

스마트폰 또는 PC 웹에서 아두이노 아날로그 센서 값 읽기: WebServer 예제 사용

아두이노 보드에 있는 MCU는 디지털 및 아날로그 입출력 핀으로 센서 또는 기기를 컨트롤하는 목적에 충실하도록 제작된 것이다. 인터넷을 하려면 웹 페이지를 만들어야 하는데 MCU는 메모리 용량이 적어 그림 파일과 같이 큰 파일을 다루기에는 적합하지 않다. 가능한 메모리 용량을 적게 사용하는 스케치를 작성하는 것이 유리하다.

인터넷을 활용하려면 IP(인터넷 프로토콜) Address(주소)에 대한 이해가 필요하다. 간단히 설명하면 인터넷에서 사용하는 주소이다. 먼 거리에서 인터넷으로 우리 집을 찾으려면, 우리 집 인터넷 주소를 알아야 한다. 인터넷으로 집에 도착하면 컴퓨터를 비롯한 여러 개의 기기들이 유무선 공유기에 연결되어 있다. 아두이노와 통신하려면 이더넷 쉴드의 기기 번호인 mac 번호가 필요하다. 쉴드 뒷면 또는 박스에 있지만, 없어도 스케치에서 번호를 부여할 수 있다.

아두이노 예제에 있는 WebServer 스케치를 사용하여 인터넷으로 아두이노 아날로그 입력 값을 읽는 프로젝트를 해보자.

준비물　　■　아두이노 우노, 이더넷 쉴드, 인터넷 케이블

작업 순서

1 **하드웨어 연결**: 아두이노 보드에 이더넷 쉴드를 장착한다. 아두이노 보드는 USB 케이블로 노트북과 연결하고 쉴드는 인터넷 케이블을 사용하여 공유기와 연결한다.

2 아두이노 IDE를 활성화시키고 [파일] ⇒ [예제] ⇒ [Ethernet] ⇒ [WebServer]를 오픈한다.

3 스케치 41번째 줄에 있는 Ethernet.begin(mac, ip)를 Ethernet.begin(mac)로 수정한다. 이유는 조금 후에 설명하기로 한다.

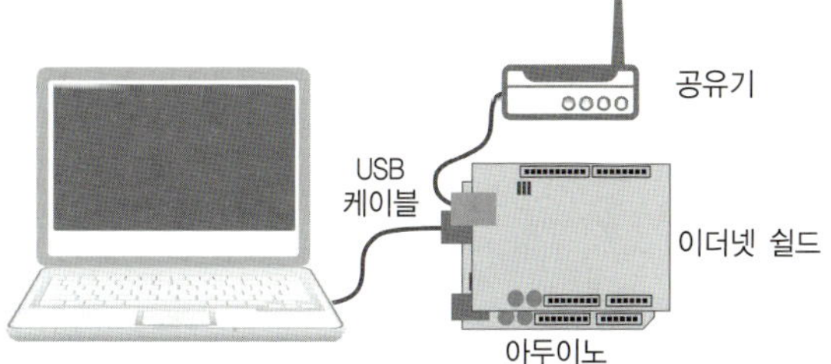

4 스케치를 확인(컴파일)하고 아두이노에 업로드하면 완료한 것이다.

이제 IDE의 시리얼 모니터를 클릭한다. 시리얼 모니터에서 IP Address가 172.30.1.8인 것을 알려 주고 있다.(프린트되어 있는 주소는 예시이다.)

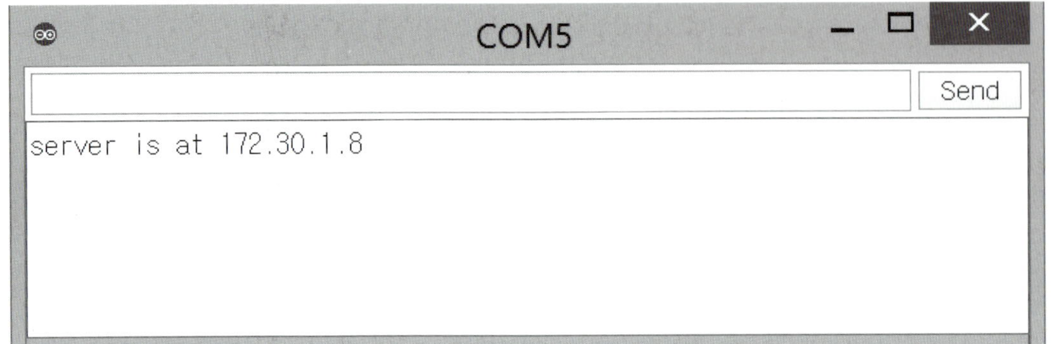

노트북 웹에 아래와 같이 주소를 입력하면 아날로그 핀 1~5에 들어오는 값을 프린트한다. 지금은 아날로그 핀에 아무것도 연결되어 있지 않아서 그냥 노이즈를 읽는 것이다.

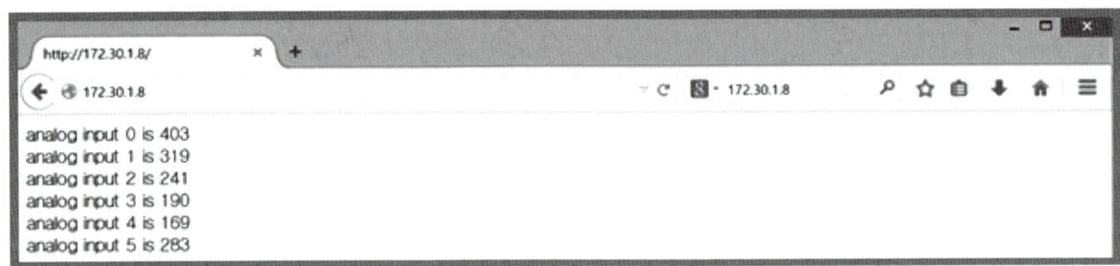

스마트폰 웹에도 주소를 입력해 보자. 데이터들이 잘 읽혀지고 있는 것을 볼 수 있다. 이제 외부에서 실내에 있는 아두이노에 수집되는 데이터를 읽을 수 있게 되었다

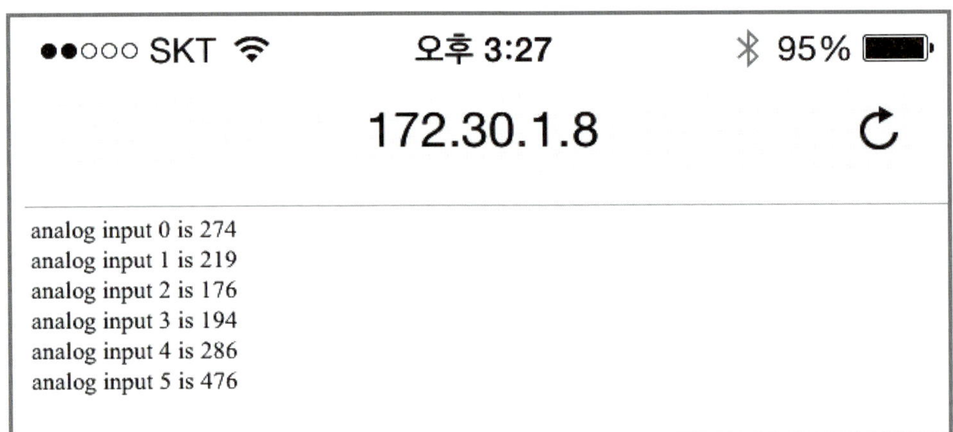

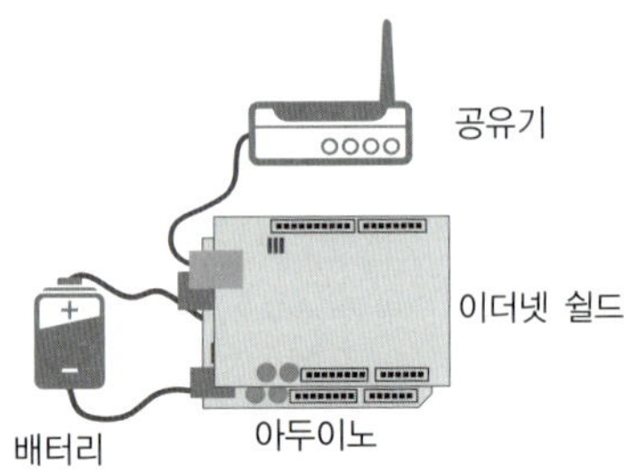

스케치에서 Ethernet.begin(mac, ip)를 비활성화시키고 대신에 Ethernet.begin(mac)을 사용하였다. 스케치에는 IPAddress ip(192,168,1, 177)라는 가상 주소로 되어 있다. 우리가 사용하게 될 주소는 새로 찾아야 한다. 공유기에는 DHCP라는 자동 주소 찾기 기능이 있다. 주소를 찾아서 바꾸지 않으면, 스케치에 있는 가상 ip를 사용하여 프로그램이 작동하지 않는다.

스케치가 2 페이지를 넘기 때문에 읽으면서 내용을 파악하는데 어렵게 느낄 수 있다. setup 이전 부분과 이후 loop 부분으로 나누어 보는 것이 수월하다.

▶ setup 이전에는 〈SPI.h〉와 〈Ethernet.h〉 그리고 우리가 쉴드에 임의로 부여하는 주소 mac[ ], 사용할 인터넷 주소 IPAddress ip 그리고 우리가 웹에서 사용하는 HTTP 프로토콜을 사용한다는 것이다. (HTTP 주소는 80번이다.)

▶ setup에는 시리얼 통신 시작, mac 주소를 가지고 이더넷 시작 그리고 서버를 시작하라는 내용이다. 프로젝트에서 독자는 클라이언트(고객: 마스터)가 되고 웹서버는 서비스를 공급하는 슬레이브 역할이 되는 것이다. 이더넷과 인터넷이 묶여서 서버 역할을 한다.

▶ loop 안에서 HTTP/1.1 200 OK가 있는 섹션은 HTTP 프로토콜을 사용하는 부분이다. 우리의 웹 페이지를 만드는 부분은 HTML 언어를 사용하는 〈!DOCTYPE HTML〉부터 〈br /〉, 〈/html〉까지이다.

```
//  WebServer very small change from Example Ethernet WebServer

#include <SPI.h>
#include <Ethernet.h>

// Enter a MAC address and IP address for your controller below.
// The IP address will be dependent on your local network:
byte mac[] = { 0x00, 0xAA, 0xBB, 0xCC, 0xDE, 0x02 };
IPAddress ip(192,168,1, 177);

// Initialize the Ethernet server library
// with the IP address and port you want to use
// (port 80 is default for HTTP):
EthernetServer server(80);

void setup() {
 // Open serial communications and wait for port to open:
```

```cpp
  Serial.begin(9600);
  while (!Serial) {
    ; // wait for serial port to connect. Needed for Leonardo only
  }

  // start the Ethernet connection and the server:
  //Ethernet.begin(mac, ip);
  Ethernet.begin(mac);
  server.begin();
  Serial.print("server is at ");
  Serial.println(Ethernet.localIP());
}

void loop() {
  // listen for incoming clients
  EthernetClient client = server.available();
  if (client) {
    Serial.println("new client");
    // an http request ends with a blank line
    boolean currentLineIsBlank = true;
    while (client.connected()) {
      if (client.available()) {
        char c = client.read();
        Serial.write(c);
        // if you've gotten to the end of the line (received a newline
        // character) and the line is blank, the http request has ended,
        // so you can send a reply
        if (c == '\n' && currentLineIsBlank) {
          // send a standard http response header
          client.println("HTTP/1.1 200 OK");
          client.println("Content-Type: text/html");
          client.println("Connection: close");  // closed after completion of the response
              client.println("Refresh: 5");  // refresh the page automatically every 5 sec
          client.println();
          client.println("<!DOCTYPE HTML>");
          client.println("<html>");
          // output the value of each analog input pin
          for (int analogChannel = 0; analogChannel < 6; analogChannel++) {
            int sensorReading = analogRead(analogChannel);
            client.print("analog input ");
            client.print(analogChannel);
            client.print(" is ");
```

```
        client.print(sensorReading);
        client.println("<br />");
      }
      client.println("</html>");
      break;
    }
    if (c == '\n') {
      // you're starting a new line
      currentLineIsBlank = true;
    }
    else if (c != '\r') {
      // you've gotten a character on the current line
      currentLineIsBlank = false;
    }
   }
  }
  // give the web browser time to receive the data
  delay(1);
  // close the connection:
  client.stop();
  Serial.println("client disconnected");

}
}
```

스케치 분석

■ 이더넷 쉴드는 아두이노 보드와 시리얼 통신 중 하나인 SPI 방식을 사용하기 때문에 〈SPI.h〉라이브러리를 호출한 것이다. 다음으로는 이더넷을 사용하고 있으므로 〈Ethernet.h〉 라이브러리 호출.

■ **mac[ ] = { 0x00, 0xAA, 0xBB, 0xCC, 0xDE, 0x02 };**   이더넷 쉴드에 임의로 주소를 부여하고 있다.

■ **IPAddress ip(192,168,1, 177);**   아두이노를 네트워크의 일원으로 만들기 위하여 주소를 입력시킨 것이다.

스케치에서는 만약 이 주소가 잘못되었다면 뒤에 나오는 DHCP(Dynamic Host Configuration Protocol) 기능을 활용하여 주소를 찾게 했다.

■ **EthernetServer server(80);**   HTTP (Hyper Text Transfer Protocol)는 웹 통신에서 많이 사용되는 텍스트 전송 규약이다. 이 통신에 사용하는 포트는 80번으로 정해져 있다.

■ **Ethernet.begin(mac);**   공유기의 DHCP 기능과 접촉하여 IP 주소를 할당받는 문구이다.

- **server.begin( );** Serial.begin( )으로 시리얼 통신을 시작한 것과 같은 방법으로 이더넷 통신을 시작하는 것.

- **Serial.println(Ethernet.localIP( ));** 현재 위치에서 사용 중인 IP 주소를 시리얼 모니터에 프린트하라는 명령이다.

- **EthernetClient client = server.available( );** 이더넷에 데이터가 들어오면 오브젝트인 client에 저장하라는 명령.

- **if (c == '\n' && currentLineIsBlank);** 이더넷에서 데이터는 한 소절씩 보내게 되어 있다. 한 소절의 끝나는 것을 알리는 신호는 New Line과 Blank가 연이어서 같이 있는 것으로 약속되어 있다.

- **<!DOCTYPE HTML>, <html>, <br />, </html>;** HTML 언어이다. 모니터를 웹 페이지처럼 만들기 위하여 사용된 HTML 언어이다.

스마트폰 또는 PC 웹에서 아두이노 컨트롤하기: WebServer 예제+스케치

스마트폰(또는 PC)에서 아두이노를 원격 컨트롤 하는 프로젝트이다.

준비물
- 아두이노 우노, 이더넷 쉴드, 인터넷 케이블
- 스마트폰 또는 PC

작업 순서

작업 순서를 간략하게 설명한 후에 자세한 내용이 이어진다.

1 LED를 아두이노 우노 보드의 디지털 8번 핀에 연결한다.

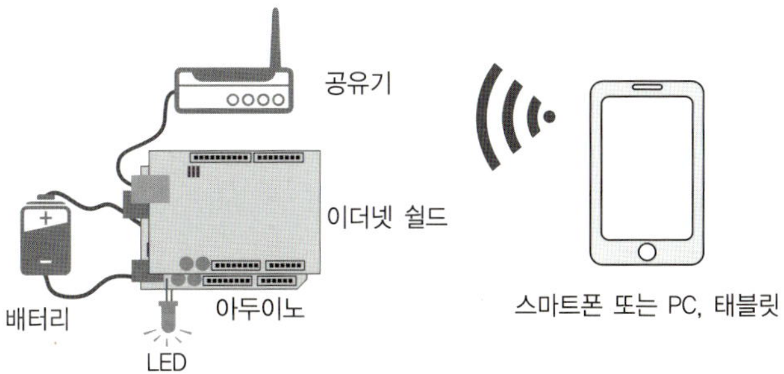

원격 무선 컨트롤

2 뒤에 있는 스케치를 IDE에 입력한다. 확인(컴파일) 후 업로드하고, 시리얼 모니터를 오픈하면 오른쪽과 같이 IP 주소를 프린트한다. (여기에 있는 주소는 예시임.)

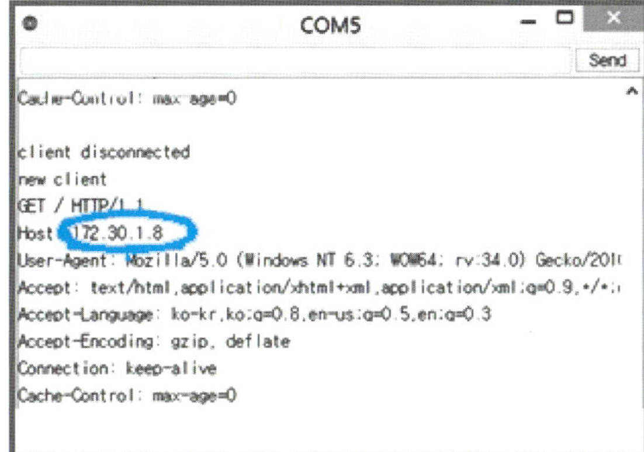

③ 웹에 주소를 입력하면,

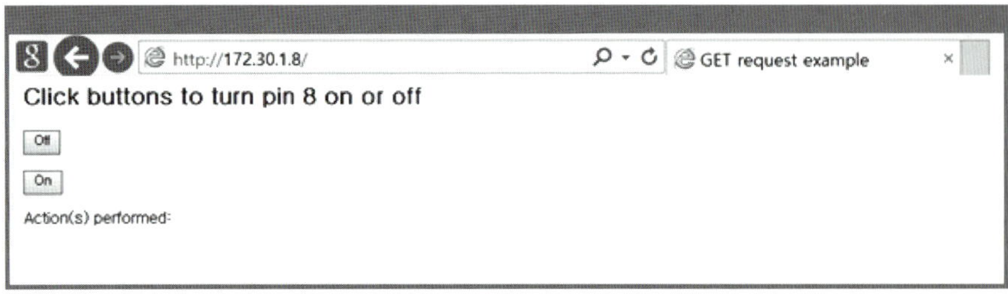

④ On 버튼을 클릭하면 아래와 같이 URL에 변화가 생기는 것을 알 수 있다. 여기에서 1은 On 버튼이 입력되었다는 것을 말하고 있다. 아두이노에 연결된 LED가 켜지는 것을 볼 수 있다.

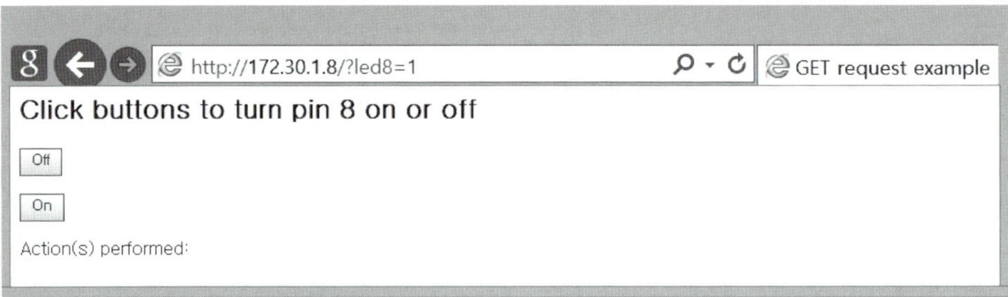

⑤ Off 버튼을 클릭하면 URL이 다시 변하는 것을 볼 수 있다. 여기에서 0는 Off를 뜻하는 것이다. 아두이노에 연결된 LED가 꺼지는 것을 볼 수 있다.

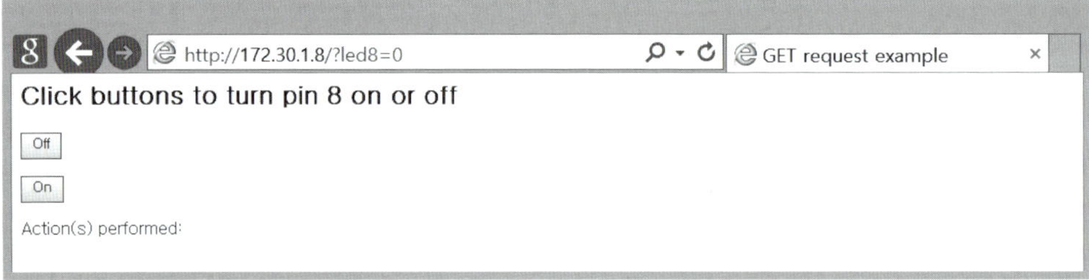

⑥ 스마트폰 웹에서도 잘 잡히는 것을 확인할 수 있다. 이제 외부에서 스마트폰으로 실내에 있는 아두이노를 컨트롤할 수 있게 되었다.

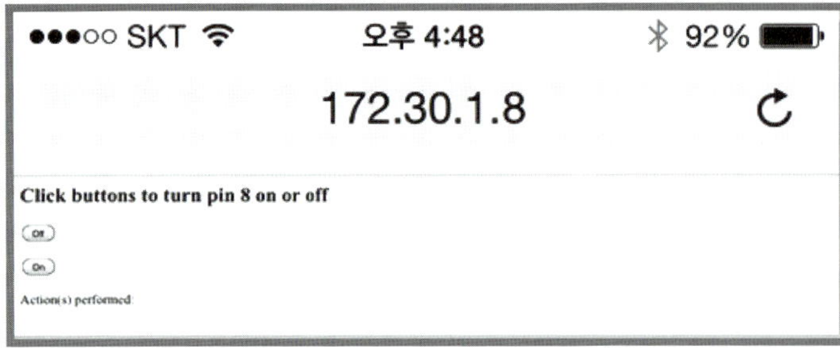

다음은 이 책에서 가장 긴 스케치이다. 목적별로 나누어 읽어 보면 이해하기가 용이하다.

첫째, setup 전 섹션은 라이브러리를 호출하고, 인터넷 어드레스를 입력하고, HTTP 프로토콜을 사용한다는 것을 선언[server(80)]하는 부분이다.

둘째, setup 섹션에서는 시리얼 통신, 이더넷 통신을 준비하고 주소를 모니터에 프린트한다.

셋째, 섹션을 웹페이지를 만드는 함수들이다. construct_page 함수 안에 print_header, print_confirmation, print_form, end_page를 호출하고 있으며, end_page 안에서 excuteInstruction을 부르고 있다.

최종적으로 loop 안 끝 부분에서 construct_page를 호출하여 웹을 만들고 결과를 프린트하게 한 것이다.

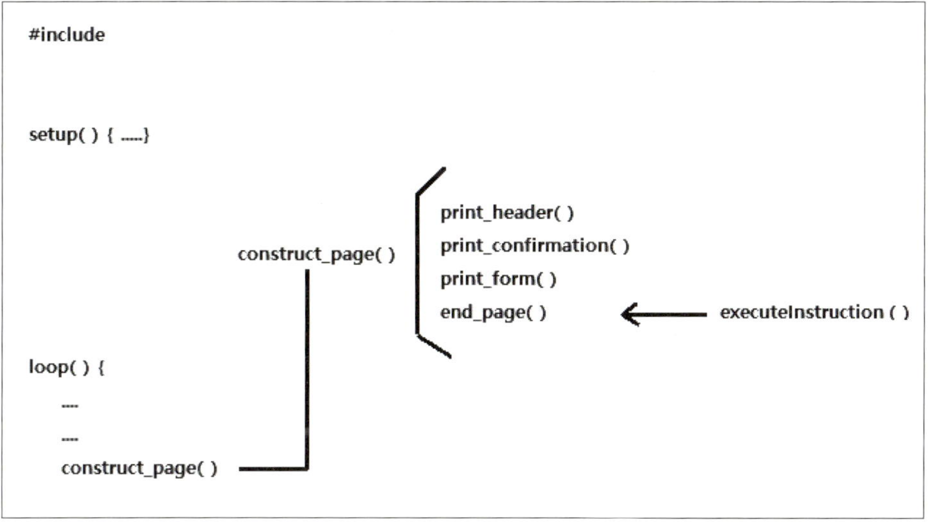


```
// Web Controlling Arduino LED via HTTP

#include <SPI.h>
#include <Ethernet.h> !
byte mac[] = { 0x0, 0xAA, 0xBB, 0xCC, 0xDE, 0x02 },
//byte ip[] = { 172, 30, 1, 8 };
IPAddress ip(192,168,1, 177);
IPAddress gateway(192,168,1, 1);
IPAddress subnet(255, 255, 255, 0) ;
String message = "" ; //Will hold the confirmation message
//that will be shown to the user
EthernetServer server(80);
```

```
String get_request = ""; //Holds the GET request
boolean reading = false; //TRUE while the GET request is being received !

void setup()
{
Serial.begin(9600);

//---------- start the Ethernet connection

  Serial.println("Trying to get an IP address using DHCP");
  if (Ethernet.begin(mac) == 0) {
    Serial.println("Failed to configure Ethernet using DHCP");
    // initialize the ethernet device not using DHCP:
    Ethernet.begin(mac, ip, gateway, subnet);
  }
// print your local IP address:
  Serial.print("My IP address: ");
  ip = Ethernet.localIP( );
  for (byte thisByte = 0; thisByte < 4; thisByte++) {
    // print the value of each byte of the IP address:
    Serial.print(ip[thisByte], DEC);
    Serial.print(".");
  }

//--------------------------

server.begin();
Serial.println("ready");
}
void construct_page(EthernetClient &client, String &rmessage)
{
print_header(client);
print_form(client);
print_confirmation(rmessage, client);
end_page(client);
}
void print_header(EthernetClient &client)
{
client.println("HTTP/1.1 200 OK");
client.println("Content-Type: text/html");
client.println();
client.print("<html><head><title>");
```

```cpp
client.print("GET request example");
client.println("</title><body>");
}
void print_confirmation(String &confirmation_message, EthernetClient &client)
{
client.print("Action(s) performed: <b>");
client.print(confirmation_message);
client.print("</b>");
}


void print_form(EthernetClient &client)
{
client.println("<h2>Click buttons to turn pin 8 on or off</h2>");
client.print("<form action='/' method='GET'><p><input type='hidden' name='led8'");
client.println(" value='0'><input type='submit' value='Off'/></form>");
client.print("<form action='/' method='GET'><p><input type='hidden' name='led8'");
client.print(" value='1'><input type='submit' value='On'/></form>");
}
void end_page(EthernetClient &client)
{
client.print("</body>");
client.print("</html>");
}
String parseGetRequest(String &str) {
Serial.print(" Parsing this string:");
Serial.println(str);
int led_index = str.indexOf("led");
int led_pin = str[led_index + 3] - '0';
int led_val = str[led_index + 5] - '0';
String return_message = "";
return_message = "Setting LED ";
return_message += led_pin;
return_message += " to ";
return_message += led_val;
executeInstruction(led_pin, led_val);
return return_message;
}
void executeInstruction(int pin, int val)
{
pinMode(pin, OUTPUT);
digitalWrite(pin, val);
```

```cpp
}

void loop() {
EthernetClient client = server.available();
String return_message;
if (client) {
Serial.println("new client");
boolean sentContent = false;
get_request = "";
boolean currentLineIsBlank = true;
while (client.connected()) {
if (client.available()) {
char c = client.read();
if(reading && c == ' ')
{ reading = false;
parseGetRequest(get_request);
break;
}
if(c == '?'){
reading = true; } //found the ?, begin reading the info

if(reading){
get_request += c; }
if (reading && c=='\n')
{
break;
}
if (c == '\n' && currentLineIsBlank) {
break;
}
if (c == '\n') {
currentLineIsBlank = true;
}
else if (c != '\r') {
currentLineIsBlank = false;
}
}
}
}
if (!sentContent){
construct_page(client, return_message);
sentContent = true;
}
```

```
delay(1);
client.stop();
Serial.println("client disonnected");
}
}
```

스케치 분석

■ **mac[] = { 0x0, 0xAA, 0xBB, 0xCC, 0xDE, 0x02 };** 이더넷 쉴드에 임의로 주소를 부여하는 것이다. IPAddress는 로칼 어드레스를 찾기 위하여 처음에 그냥 준 주소이다.

■ **Ethernet.begin(mac, ip, gateway, subnet)**에서 현재 위치의 주소를 찾는다.

■ 웹 페이지를 만들기 위한 HTML 언어에 대해서는 이 책에서 설명을 하지 않고 넘어가기로 한다. 언어에 관심이 있는 독자는 〈..〉로 표시되는 HTML 언어에 대한 다른 자료를 참조하기 바란다.

■ **get_request;** 클라이언트 즉 독자가 서버에게 현재 상태의 데이터를 요청하는 것이다.

■ **c == '\n' && currentLineIsBlank);** \n은 New Line을 뜻하고 &&는 영어 AND를 뜻하는 기호이다. A & B는 A도 참(true)이며 B도 참(true)일 때를 보는 것인데 A && B이면 A가 참이 아니면 B는 참인지 아닌지 확인하지도 않고 다음 명령으로 내려간다. 작은 차이인 것 같지만 계산할 때 부하를 줄여 주기 위해 사용한다.

■ **!=;** NOT EQUAL을 뜻한다.

인터넷 주소 찾기

이더넷 프로젝트를 보면 주소를 찾는 것이 핵심인 것을 알 수 있다. 윈도우에서 주소를 찾으려면 시작 메뉴를 클릭하고, cmd를 입력한 다음, ipconfig란 단어를 입력하면 된다.

1 시작 메뉴를 클릭한다.

2 입력창에 cmd를 입력한다.

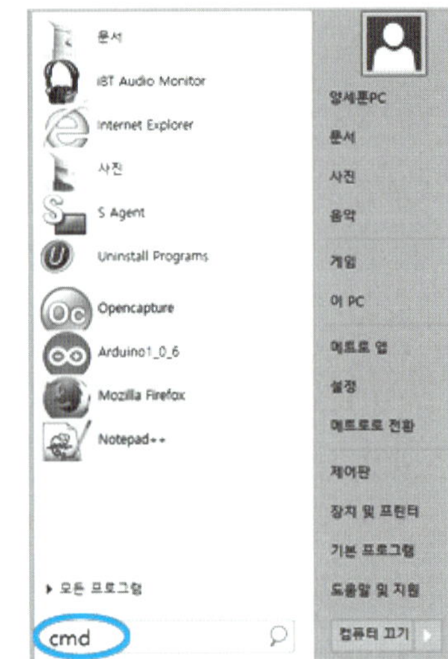

3 아래와 같이 윈도우 시스템 창이 나오면, ip를 확인하기 위해 ipconfig란 단어를 입력한다.

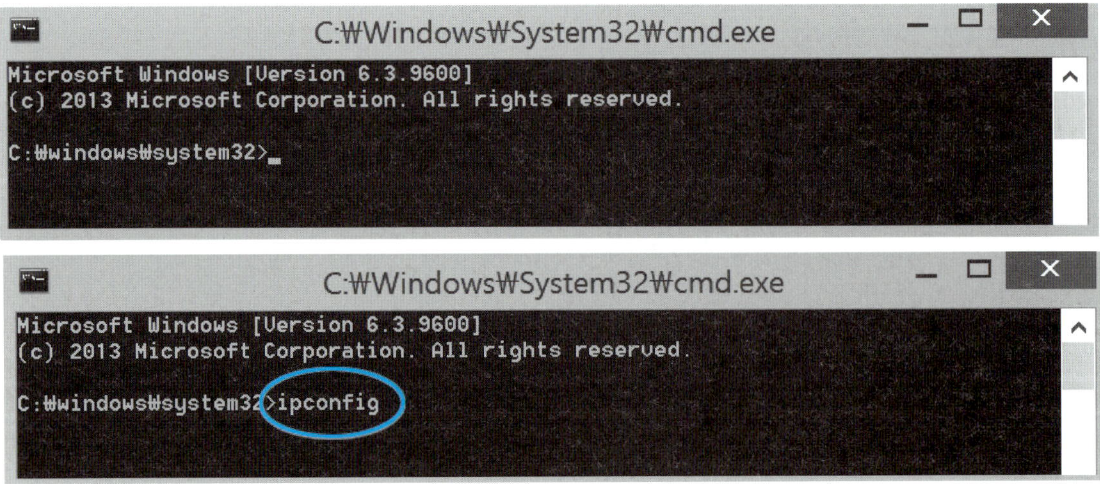

무선 컨트롤

4 ip 주소를 비롯한 서브넷 마스크와 게이트웨이 주소가 나온다.

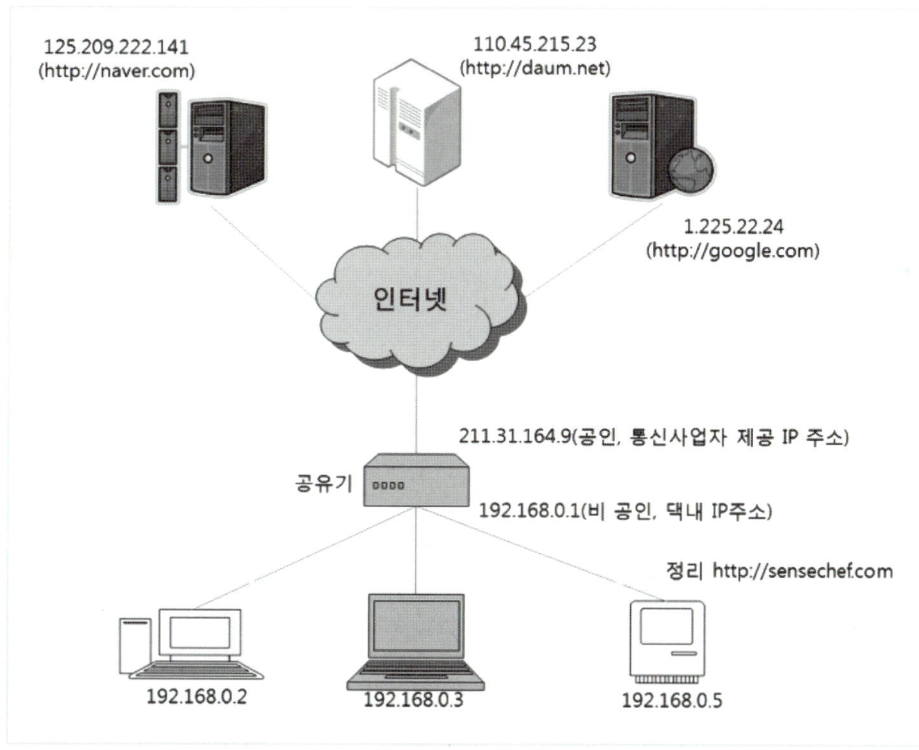

현재 전 세계에서는 IPv4 주소체계를 사용하고 있다. 약 43억 개의 주소를 만들 수 있지만 IOT(사물 인터넷) 시대가 되면 주소가 모자랄 것이기 때문에 IPv6 주소 체계 도입을 준비하고 있다. 위에 표시된 IPv6는 43억X43억X43억X 43억 개의 주소를 만들 수 있다.

인터넷 IP 주소는 공인 IP 주소와 사설 IP 주소로 구분되어 있다. 공인 주소는 통신사에서 가정 또는 회사에 부여하는 공개적 주소이다. 예를 들어 네이버의 공인 IP주소는 125.209.222.141이다. 네이버에 접속하려면 http://naver.com해도 되지만 http:// 125.209.222.141와 같이 주소를 직접 입력해도 된다.

IP 주소는 자신의 PC만 가지고 있는 고유 주소이다. 하나의 주소에서 여러 기기를 사용하기 위해 서브넷 마스크 번호를 사용한다. 게이트웨이는 인터넷을 통해 밖으로 나갈 때 사용하는 주소 대부분은 공유기 주소이다.

프로젝트 결과물 콤팩트하게 만들기

책에 있는 모든 프로젝트에서는 아두이노 보드를 사용했다. 로봇과 같이 콤팩트하게 만들어야 하는 프로젝트에서는 보드를 장착하는 것보다 프로그램된 칩을 사용하는 것이 유리하다. 아두이노 우노는 28개 핀을 가진 Atmega 328 칩을 사용하고 있다. DIP 타입 아두이노 보드의 장점은 스케치를 업로드한 다음 칩만 탈착하여 사용할 수 있다는 점이다. 스케치가 크지 않을 때는 가격이 매우 저렴한 Attiny85 칩을 사용할 수 있다. Attiny85는 8핀 칩이고 크기는 Atmega328의 1/3 정도이다. 아래 그림에 핀 레이아웃이 있다. 1, 2, 3, 7번 핀은 필요에 따라 디지털 또는 아날로그 핀으로 사용할 수 있다. 디지털 핀으로만 사용할 경우 D0~D5까지 6개 핀을 활용할 수 있다. 아날로그도 A0~A3까지 4개가 가능하다.

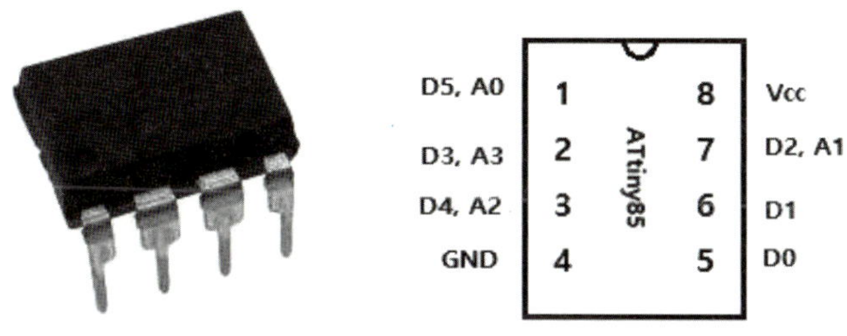

단 Atmega328은 스케치를 저장할 수 있는 플래시 메모리 사이즈가 32KB인데 반하여 Attiny는 8KB 이다. 긴 프로그램을 사용해야 하는 경우에는 적합하지 않다. 또 다른 제약은 사용할 수 있는 언어와 라이브러리가 한정적이라는 점이다. 간단하게 I/O를 컨트롤 하는 언어는 사용할 수 있다. 아래에 Attiny85에서 사용가능 언어들을 리스트 해 놓았다. 몇 종류 안 되지만 핀에서 데이터를 읽고 쓰는 작업은 충분하게 할 수 있다. 4개의 LED를 컨트롤 하는 스케치를 이 프로젝트 끝 부분에서 만날 수 있다.

Attiny85 사용가능 아두이노 언어

pinMode()	digitalWrite()
digitalRead()	analogRead()
analogWrite()	shiftOut()
pulseIn()	millis()
micros()	delay()
delayMicroseconds()	SoftwareSerial

소형 Attiny85 칩에 스케치 업로드하는 두 가지 방법

Attiny85 칩에 스케치를 업로드시키기 위한 두 가지 방법을 소개한다. 첫 번째는 아두이노 우노 보드를 활용하는 방법이고 두 번째는 Attiny85 전용 프로그래머를 사용하는 방법이다.

첫 번째 방법: 아두이노 우노 보드를 프로그래머로 사용하는 것이다.

순서 1 라이브러리 다운로드 받기

1 사이트 https://github.com/damellis/attiny/에서 Tiny ZIP 파일 다운로드한다. ZIP파일 압축 풀기를 한다. attiny-master 파일 안에 있는 attiny 파일을 다음 2번에서 사용한다.

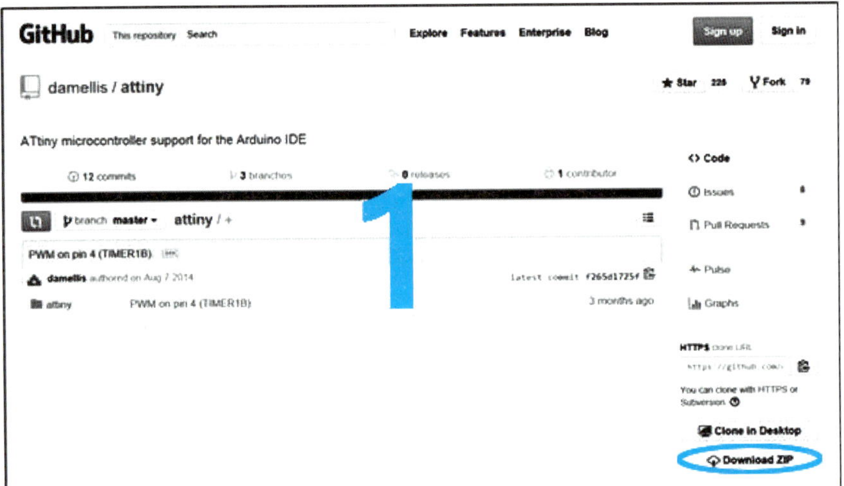

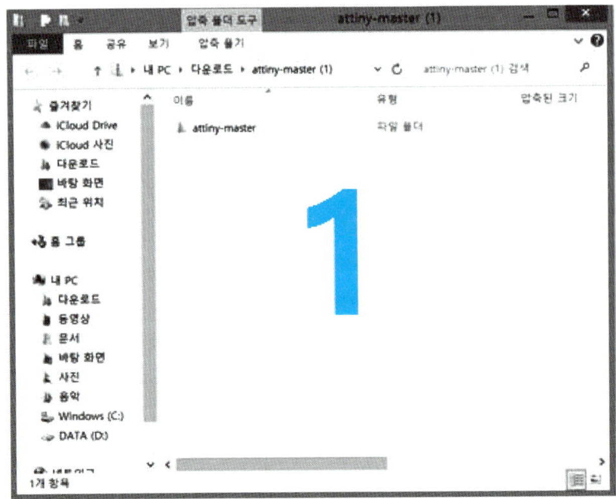

2 아두이노 IDE 폴더에 "hardware" 라는 새 파일을 만들고, attiny 파일을 여기에 옮긴다.

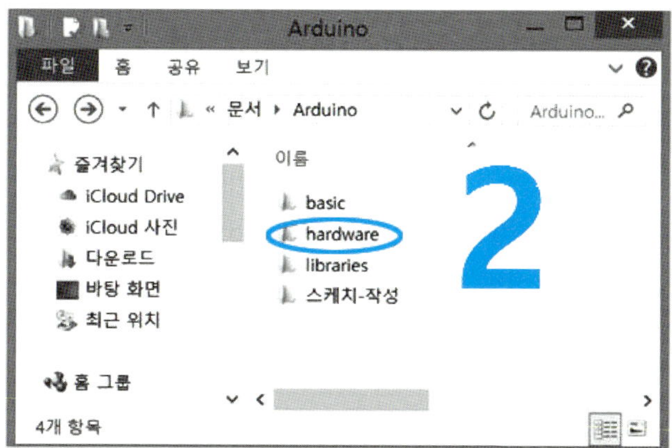

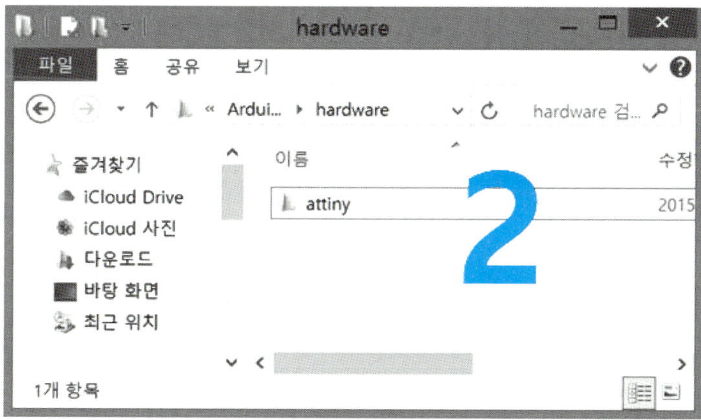

3 아두이노 IDE를 활성화시키고 도구 ⇒ 보드에 가면 Attiny85와 그 패밀리 그룹들이 들어와 있는 것을 확인할 수 있다.

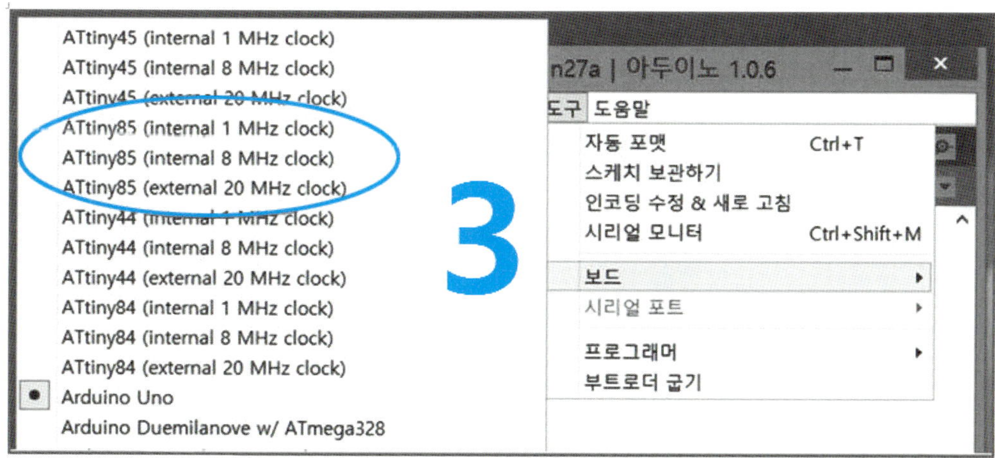

Attiny85와 아두이노 우노의 연결이 아래 표에 정리되어 있다.

Attiny 85	아두이노 우노
1	10 (Reset)
5	11 (MOSI)
6	12 (MOSI)
7	13 (SCK)
4	GND
8	+5V

아두이노 Reset 핀과 GND 사이에 10μF 커패시터를 연결한다.

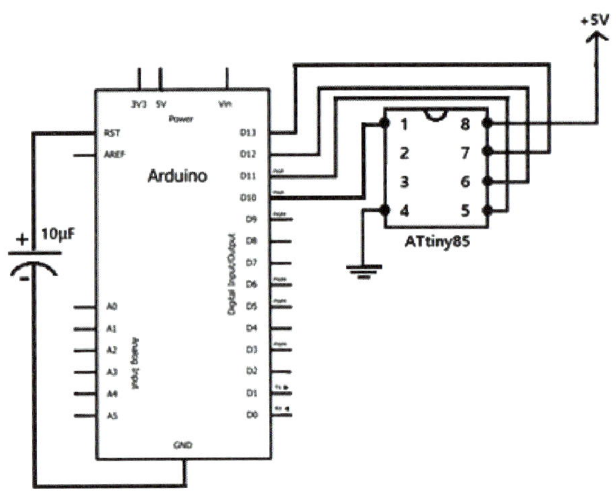

1　IDE를 오픈한 다음 도구 ⇒ 보드 ⇒ Attiny85(internal 8MHz clock)를 선택하고, 도구 ⇒ 프로그래머 ⇒ Arduino as ISP를 선택한다.

2　파일 ⇒ 예제 ⇒ 0.1Basic ⇒ Blink를 선택한다.

3　Blink 스케치에 있는 아래의 세 명령에서 13을 4로 바꾼다(ATtiny85에는 13번 핀이 없다).

pinMode(13, OUTPUT) ⇒ **pinMode(4, OUTPUT)**
digitalWrite(13, HIGH) ⇒ **digitalWrite(4, HIGH)**
digitalWrite(13, LOW) ⇒ **digitalWrite(4, LOW)**

4 스케치를 확인(컴파일)하고, 업로드한다.

5 Attiny 칩을 아두이노에서 분리하여 3번 핀(D4)과 4번 핀(GND) 사이에 LED와 저항을 연결한다. 5V 전원을 연결하면 LED가 깜빡거리는 것을 볼 수 있다.

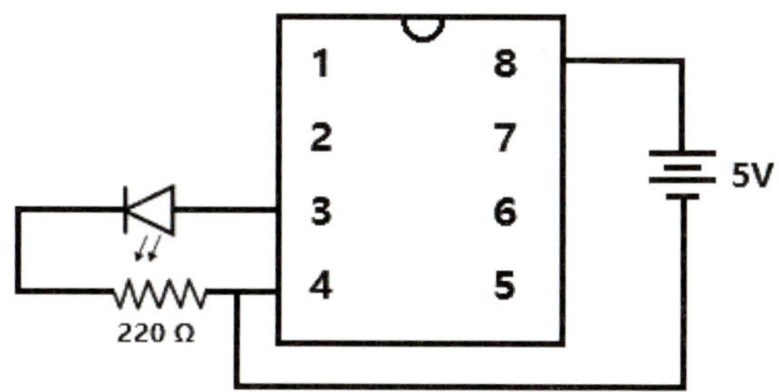

두 번째 방법: ATtiny85 전용 프로그래머 사용

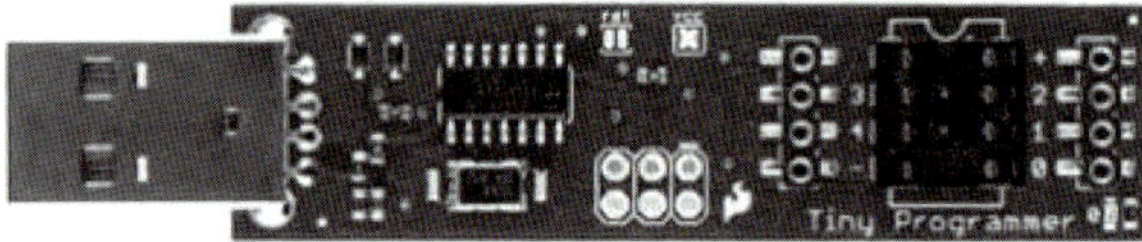

아두이노 보드로 Attiny85 칩을 프로그램 하기 위하여 점퍼 케이블 연결 등을 번거롭게 생각하는 독자들에게 추천하는 방법은 전용 프로그래머 사용이다. 온라인 매장 몇몇 곳에서 8핀 Attiny 전용 프로그래머를 판매하고 있다.

순서 1 소프트웨어 다운로드

1 아두이노에서와 마찬가지로 보드에 적합한 소프트웨어 드라이버를 설치해야 한다. USBTinyISP Driver 를 구글에 입력하면 Sparkfun을 비롯한 여러 사이트에서 드라이버를 다운로드 받을 수 있다.

2 PC에서 제어판 ⇒ 시스템 ⇒ 장치관리자 ⇒ 포트에서 Attiny 전용 프로그래머가 연결되었음을 확인한다.

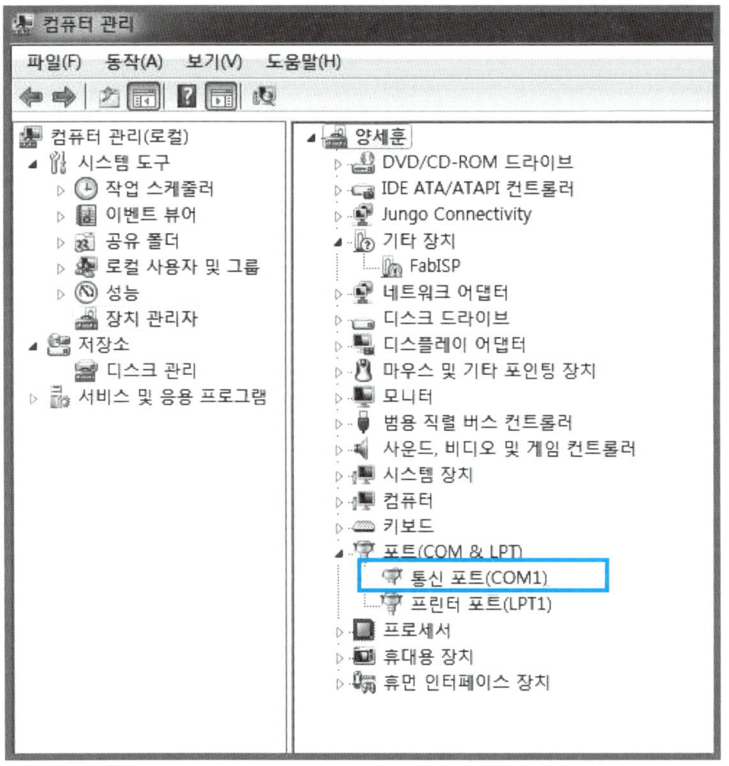

순서 2 하드웨어 연결

1 전용 프로그래머를 PC의 USB 포트에 연결한다.

1 IDE를 오픈한 다음 도구 ⇒ 보드 ⇒ Attiny85(internal 1MHz clock)를 선택하고, 도구 ⇒ 프로그래머 ⇒
1. USBtiny ISP를 선택한다.

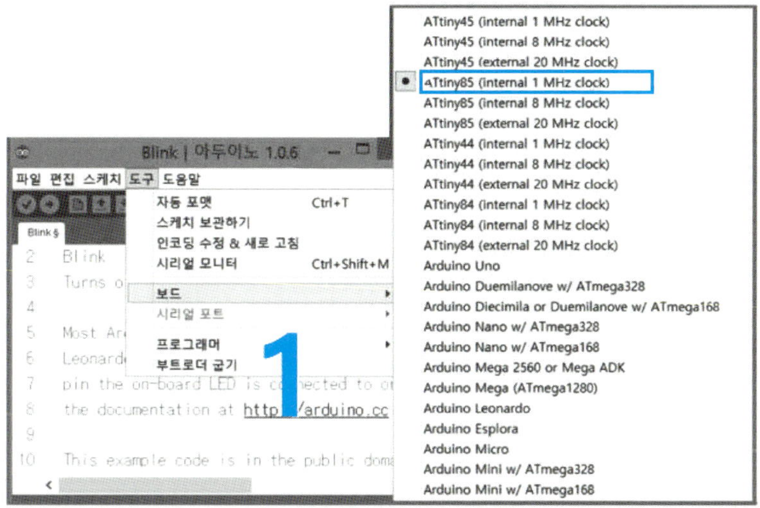

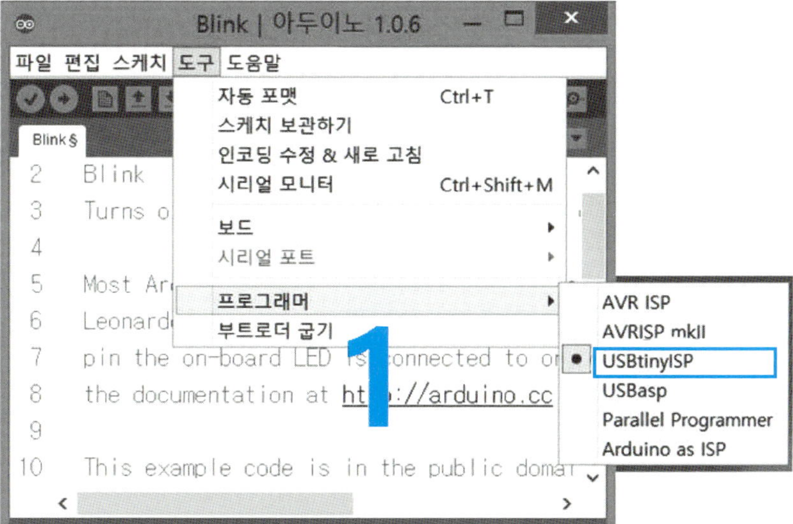

2 파일 ⇒ 예제 ⇒ 0.1Basic ⇒ Blink를 선택한다.

3 Blink 스케치에서 아래의 세 명령에서 13을 4로 바꾼다(ATtiny85에는 13번 핀이 없다).

pinMode(13, OUTPUT) ⇒ **pinMode(4, OUTPUT)**
digitalWrite(13, HIGH) ⇒ **digitalWrite(4, HIGH)**
digitalWrite(13, LOW) ⇒ **digitalWrite(4, LOW)**

4 스케치를 확인(컴파일)하고, 업로드한다.

5 프로그래머에서 칩을 분리하고, 핀 3번과 4번 사이에 LED와 220Ω 저항을 연결한 다음 전원을 연결하
면 LED 깜빡임을 볼 수 있다.

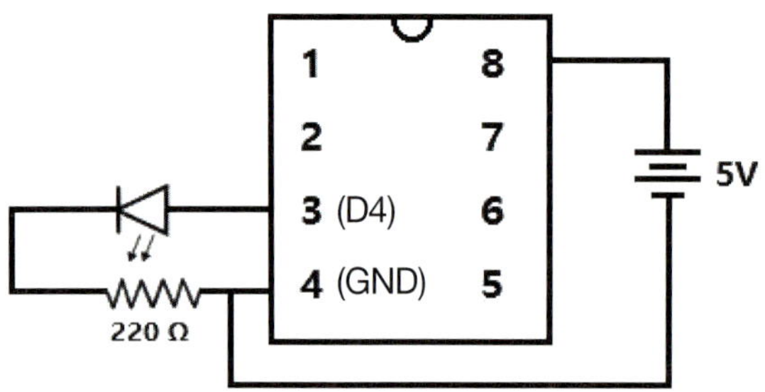

소형 Attiny85로 4개 LED 구동하기

작은 Attiny85로 4개의 LED를 순차적으로 ON시켰다 OFF시키고, 켜는 방향을 바꾸고 하는 스케치이다.

준비물
- Attiny85 IC 1개
- 색깔이 다른 LED 4개, 220 옴 저항 4개

 ## 스케치

길어 보이지만 4가지 다른 색상의 LED를 컨트롤 하기 위한 반복이 대부분이다.

```
// 4 LED control with Attiny85

int ledA = 1;
int ledB = 2;
int ledC = 3;
int ledD = 4;
int i=0;

  // the setup routine runs once when you press reset:
  void setup() {
   // initialize the digital pins as an output.
   pinMode(ledA, OUTPUT);
   pinMode(ledB, OUTPUT);
   pinMode(ledC, OUTPUT);
   pinMode(ledD, OUTPUT);
  }

  void allBlink()
  {
  for (int i = 0; i < 20 ; i++)
   {
     digitalWrite(ledA, HIGH);
     digitalWrite(ledB, HIGH);
```

```
    digitalWrite(ledC, HIGH);
    digitalWrite(ledD, HIGH);
    delay(100);
    digitalWrite(ledA, LOW);
    digitalWrite(ledB, LOW);
    digitalWrite(ledC, LOW);
    digitalWrite(ledD, LOW);
    delay(100);
  }
}

void redGreenAlt()
{
  for (int i = 0; i < 20 ; i++)
  {
    digitalWrite(ledA, HIGH);
    digitalWrite(ledB, LOW);
    digitalWrite(ledC, HIGH);
    digitalWrite(ledD, LOW);
    delay(100);
    digitalWrite(ledA, LOW);
    digitalWrite(ledB, HIGH);
    digitalWrite(ledC, LOW);
    digitalWrite(ledD, HIGH);
    delay(100);
  }
}

void gapChase(boolean cw, boolean chaseHole)
{
boolean defaultLevel = chaseHole;
boolean positionLevel = !chaseHole;
if (cw == true)
{
  for (int i = 0; i < 20 ; i++)
  {
    for (int pos = 1; pos < 5; pos++)
    {
    digitalWrite(ledA, defaultLevel);
    digitalWrite(ledB, defaultLevel);
    digitalWrite(ledC, defaultLevel);
    digitalWrite(ledD, defaultLevel);
```

```
        digitalWrite(pos, positionLevel);
        delay(100);
          }
        }
    } else {
      for (int i = 0; i < 20 ; i++)
      {
        for (int pos = 4; pos > 0; pos--)
        {
          digitalWrite(ledA, defaultLevel);
          digitalWrite(ledB, defaultLevel);
          digitalWrite(ledC, defaultLevel);
          digitalWrite(ledD, defaultLevel);
          digitalWrite(pos, positionLevel);
          delay(100);
          }
        }
      }
    }

    // the loop routine runs over and over again forever:
    void loop() {

      allBlink();
      gapChase(true, false);
      gapChase(true, true);

      redGreenAlt();
      gapChase(false, false);
      gapChase(false, true);
    }
```

스케치 분서

■ 함수를 3개 만들어 사용하고 있다. 즉 allBlink( ), redGreenAlt( ), gapChase(boolean cw, chaseHole)이다.

■ void loop에서 allBlink를 불러 ON시킨 다음 OFF시킨다. 이어서 gapChase를 불러 선택적으로 ON 및 OFF시키는 작업을 한다.

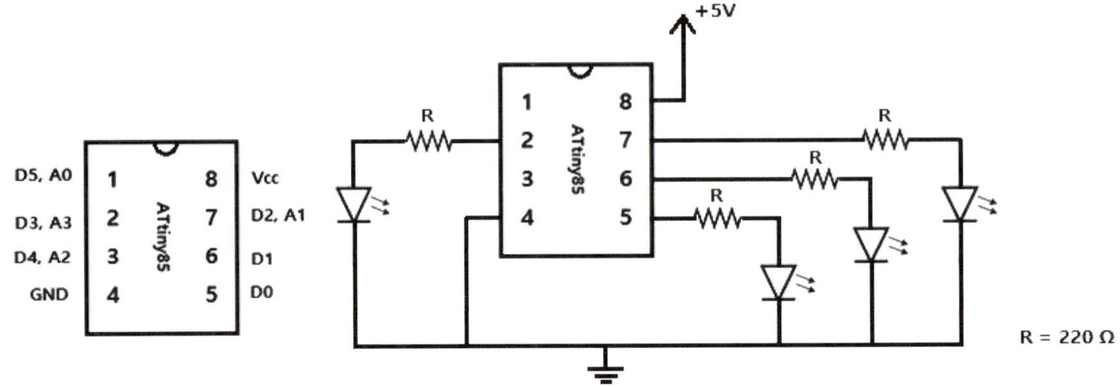

스케치를 컴파일하고, 업로드한다.

컴파일에 사용된 메모리는 1,578바이트이므로, 전체 사용가능 용량 8,000바이트까지는 아직 많이 남아 있는 것을 알 수 있다. 이제 4개의 LED가 만드는 댄스를 즐기세요.

Atmega328 Pin Map

Attiny85 칩을 탈거하여 사용한 것처럼 아두이노 우노 보드에 있는 Atmega328 칩도 스케치를 업로드하고 아래 핀 맵에 있는 Vcc에 전원을 공급하면 독립된 칩으로 사용할 수 있다.

Atmega328 pin map

- 20번 핀에 +5V, 22번 핀에 –극을 연결한다.
- 핀 23번부터 28번까지는 아날로그 입력 A0~A5이다.
- 디지털인 경우 D2는 4번 핀, D3는 5번 핀, D4는 6번 핀 등 핀 맵에서 쉽게 파악할 수 있다.

ARDUINO
Appendix

아두이노 소프트웨어 다운로드 방법 상세 설명

소프트웨어 다운 받기

1 아두이노 소프트웨어 IDE는 무료 공개 소프트웨어다.

아두이노 본사 사이트 www.arduino.cc를 입력하면 아래와 같은 창이 열린다.

2 홈 화면에서 Download를 클릭한다.

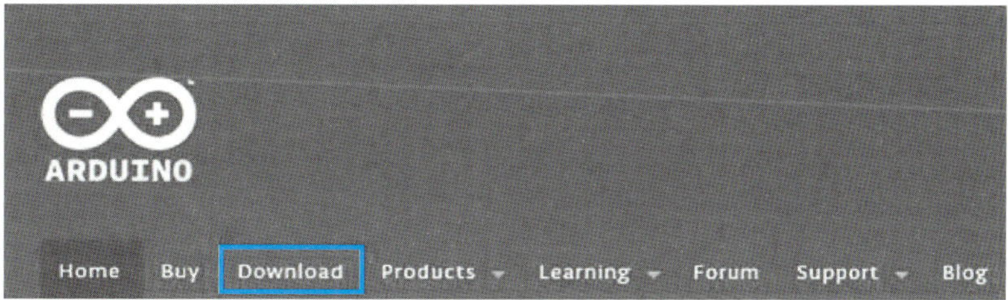

3 Download 창에서 본인이 가지고 있는 PC 운영체제와 같은 IDE(통합개발환경) 소프트웨어를 클릭하여 다운로드한다. Window Installer를 사용해도 되고, Window ZIP file을 다운해서 압축을 풀어 사용해도 된다. 아두이노 바로가기를 바탕화면에 만들어 사용하면 편리하다.

컴퓨터에 익숙하지 않으면 Window Installer를 사용할 것을 추천한다. Window Installer를 클릭하면 프로그램이 다운로드 되며, 다운로드 된 장소는 컴퓨터 바탕화면에서 오른쪽 아이콘과 같은 내 컴퓨터 아이콘을 클릭한다.

4 아래와 같은 화면이 열린다, 이제 왼쪽에 있는 다운로드를 클릭하면,

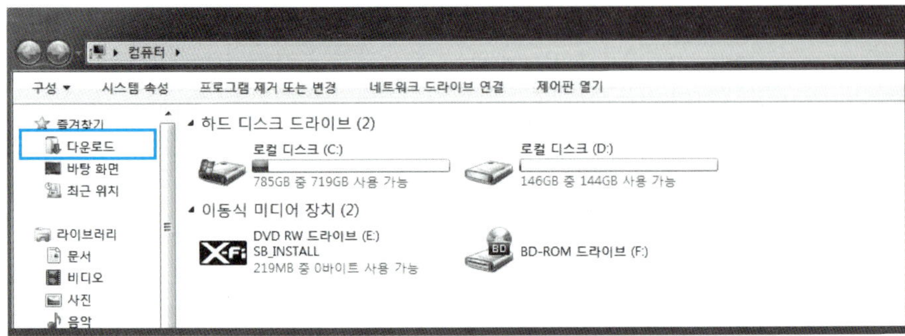

5 아래와 같이 arduino~.exe 파일이 다운로드 되어 있는 것을 볼 수 있다. 이 파일을 더블 클릭하면,

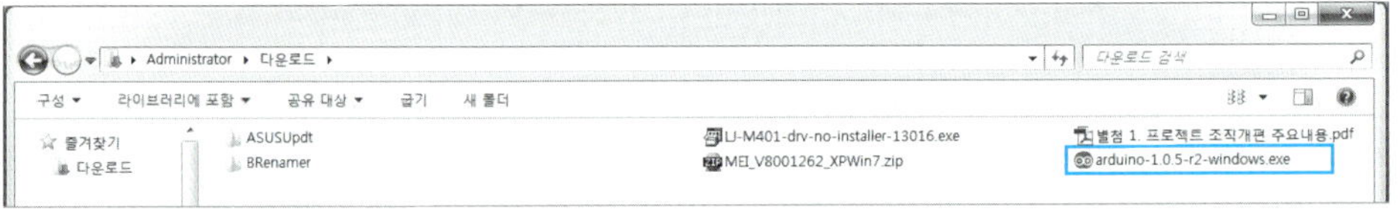

5 아래와 같은 안내가 나온다. 이 창에서 실행(R))을 클릭해서 작업을 수행하게 한다. 실행하면서 라이선스에 동의하느냐 I Agree에 클릭(어차피 공짜임), 다음 화면 NEXT 클릭, Install 클릭하면 최종적으로 Completed 화면이 나온다. 이제 Close를 클릭하면 소프트웨어 다운 완료!!! 바탕화면에 아두이노 바로가기 아이콘 을 확인하면 완전한 성공이다.

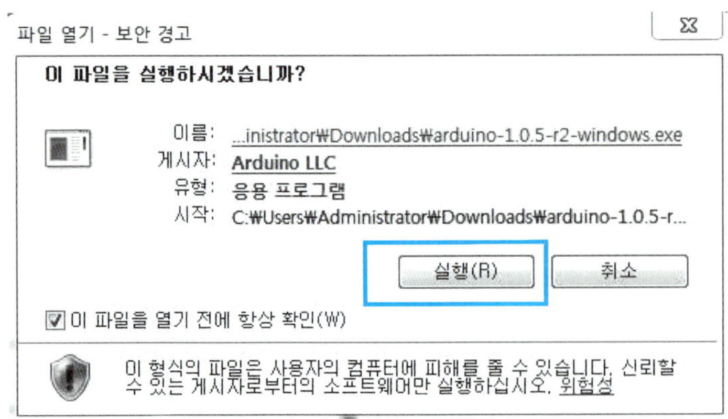

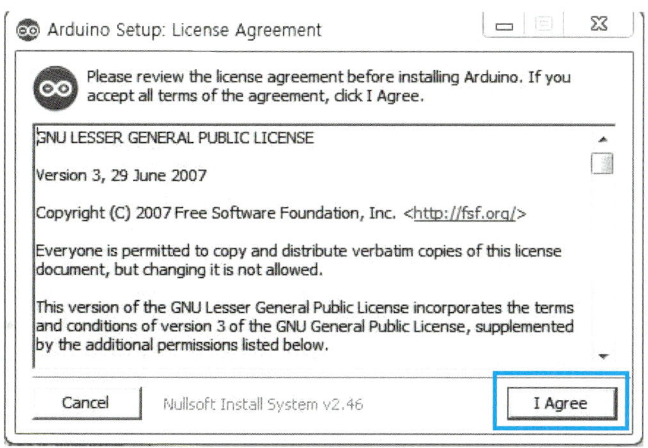

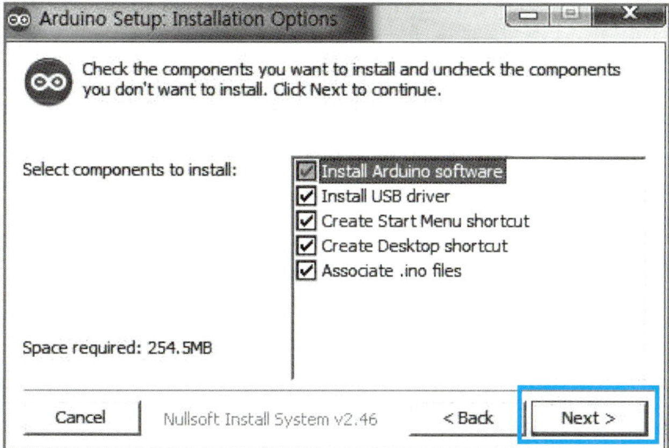

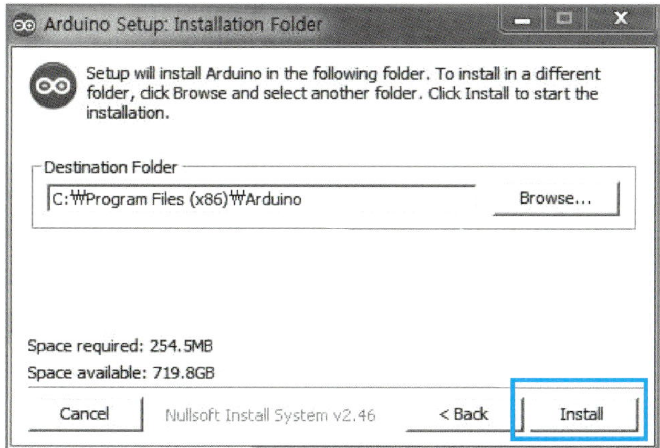

160

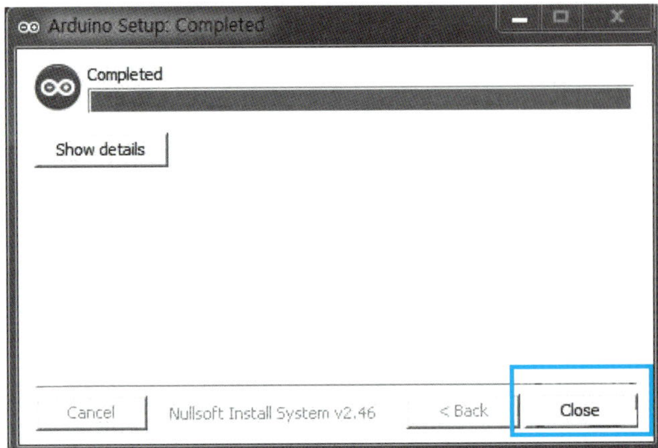

윈도우 8 컴퓨터에
장치 드라이버 설치하기

윈도우 8이 장착된 PC는 아래 방법을 따라 하면 된다.

1 '실행' 창에서 cmd를 쳐서 '명령 프롬프트' 창을 오픈한다.

2 다음 명령어를 입력한다. 'shutdown.exe /r /o /f /t 00' (※여기선 띄어쓰기도 중요하다)

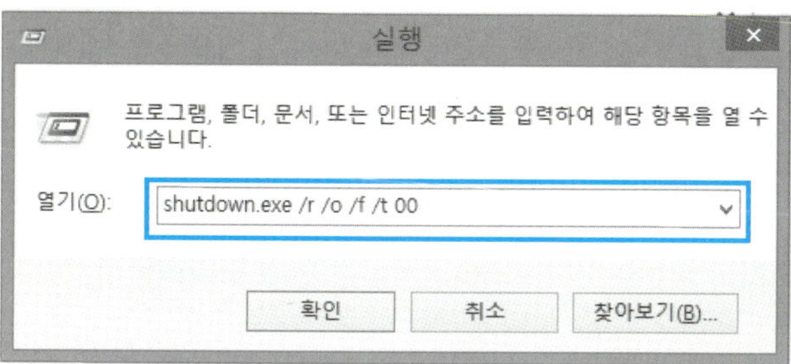

3 다음과 같은 창이 열리면, 모니터에 나타난 "문제해결"에 마우스 커서를 위치시키고 클릭한다.

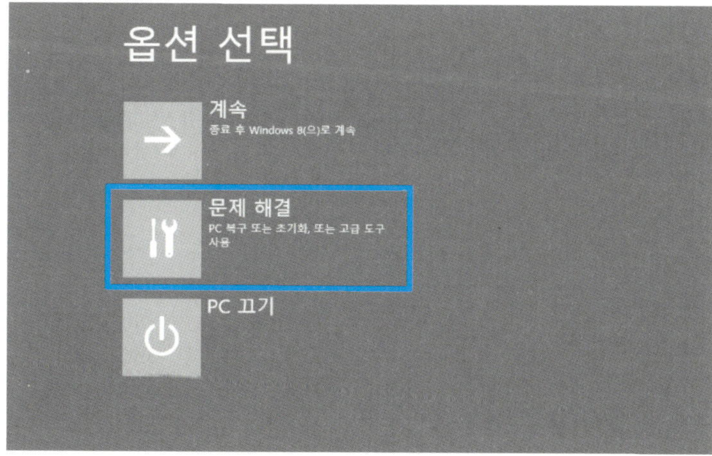

4 열린 문제해결 창에서 고급옵션을 선택하여 클릭한다.

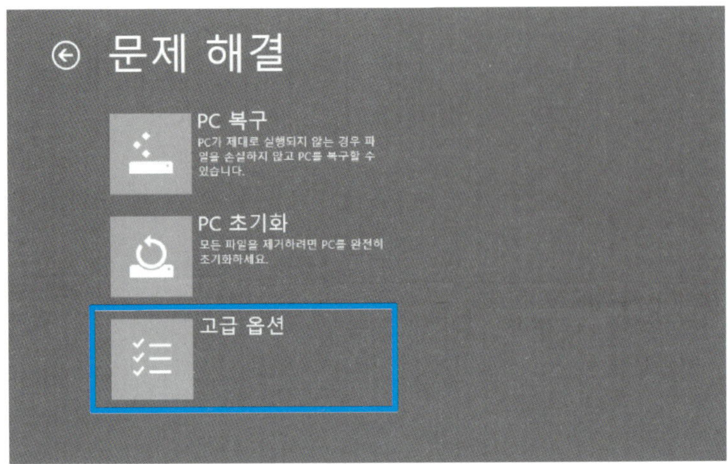

5 열린 고급옵션 창에서 시작설정을 클릭한다.

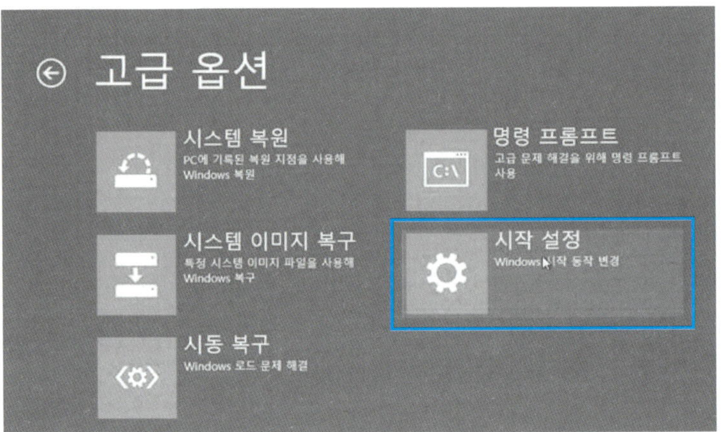

6 열린 시작설정 창에서 다시시작을 클릭한다.

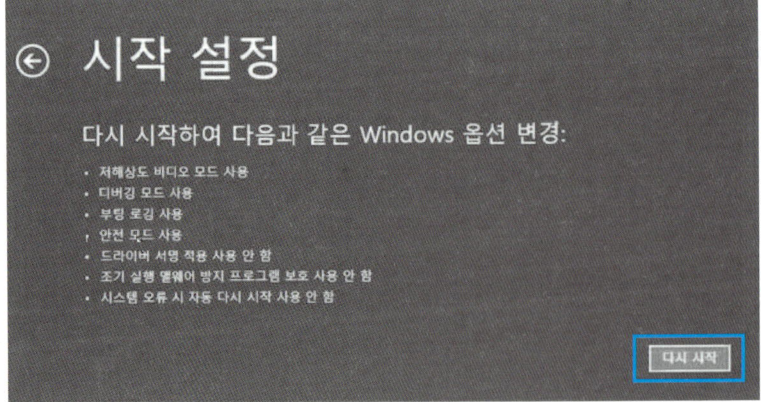

7 열린 시작설정 창에서 숫자 7번(또는 키보드에서 F7)을 클릭하면 자동 재부팅되면서 설정이
완료된다.

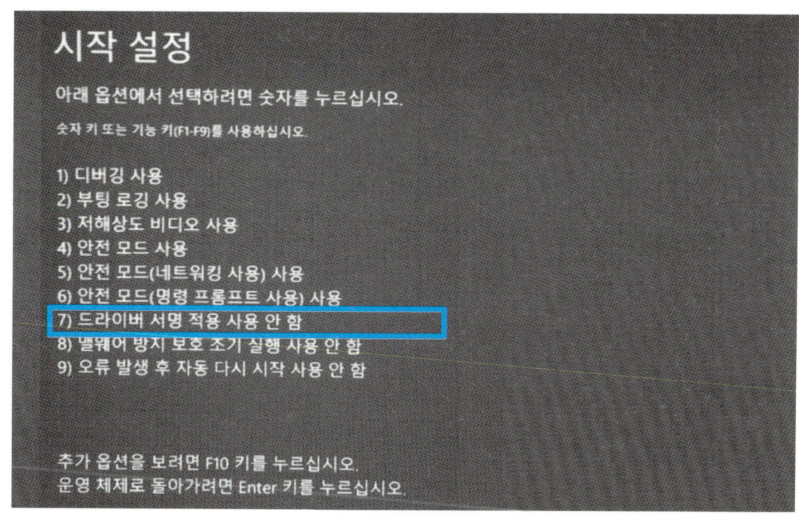

전자응용
(한 걸음 더 진전하여 큰 파워 컨트롤하기)

1 저항

저항은 거의 모든 전자회로에서 사용되고 있는 필수 부품이다. 저항의 역할은 전자 부품에 큰 전력이 흘러 들어가지 않게 작은 전류로 만드는 것이다. 9V 배터리에 20mA 용량의 LED를 직접 연결하면 순식간에 LED는 고열로 파괴된다. 배터리와 LED 사이에 저항을 연결하여 전류를 낮추어 주어야 한다. 아래 그림에 계산한 것과 450Ω 저항을 연결해 주어야 한다.

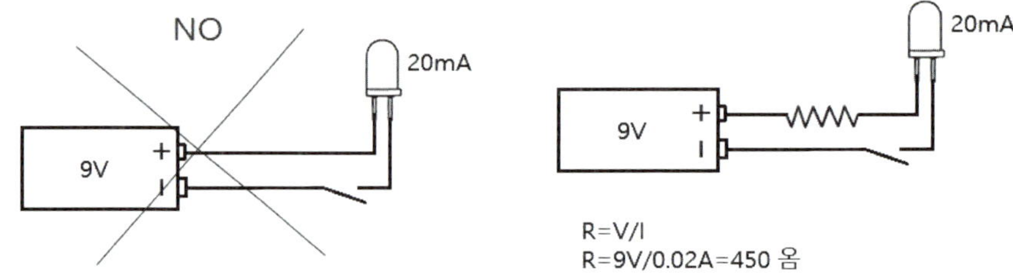

저항 사용에서 반드시 점검하여야 하는 사항은 저항의 전력 용량(Power Rating)이다. LED와 연결하여 사용하는 저항의 전력 용량은 1/4W(=0.25W)이다. 저항이 견딜 수 있는 전력용량 미만 범위에서 사용해야 한다. 위에서 사용한 450옴 저항에 인가되는 전력(P=VI)을 계산하면 P=9×0.02=0.18W이므로 0.25W보다 적어 안전하다. 전원으로 9V가 아니라 20V를 사용하면 P=0.4W이므로 0.5W 이상의 전력용량과 값이 큰 저항을 사용해야 한다. 전력 용량과 정밀도에 따라 저항을 선택하는 것이 필요하다.

2 커패시터

커패시터는 전기를 순간적으로 저장하는 부품이다. 일정한 전압 사용이 필요한 곳에 사용된다. 주의할 점은 저항과 마찬가지로 커패시터도 사용 가능한 전압이 있다. 안전을 위하여 표시용량의 1/2 수준 전압에서 사용할 것을 강력하게 권고한다. 저항과 다르게 극이 있는 커패시터도 있다는 점도 유의해야 한다.

커패시터는 ① 전압을 일정하게 ② 모터 스타트 할 때 순간 추가 전력 공급원으로 ③ 노이즈 필터링 ④ 오실레이터 회로 등 많은 분야에 사용되고 있는 부품이다.

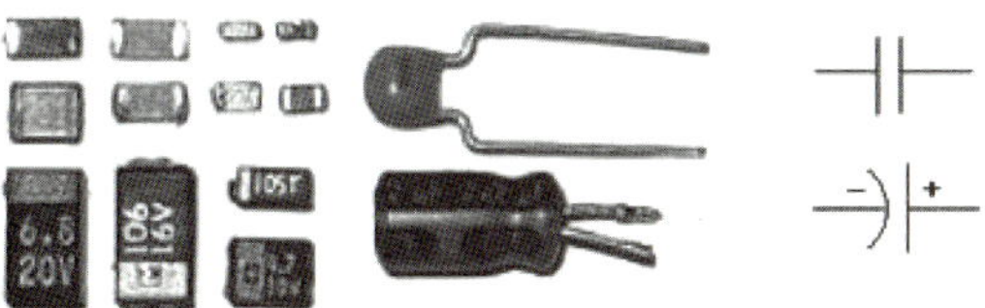

3 다이오드

다이오드는 실리콘 반도체 중에서 가장 기본이 되는 부품이다. LED는 빛을 방출하는 다이오드이다, 양극과 음극이 있어 배터리의 +와 −극을 바른 방향으로 연결하면 빛을 발광하고 그 반대이면 반응이 없다. 이것은 다이오드가 전류를 한 방향으로만 흐르게 하는 특성 때문

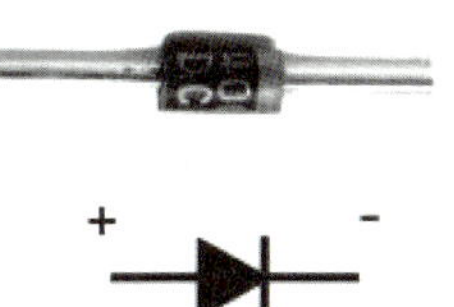

이다. 다이오드는 교류를 직류로 만드는 정류기, 역 전류 방지 부품(모터 등)을 비롯한 수많은 전자제품에 사용되고 있다. 아래에 다이오드가 전류를 한 방향으로만 흐르게 하는 기능을 그림으로 표현했다.

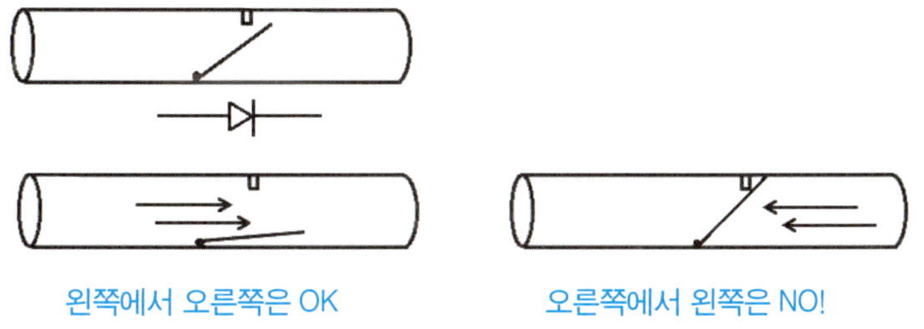

12볼트 전원에 다이오드가 올바른 방향으로 연결되면 아래와 같이 전구에서 빛이 발생한다. 이것을 회로도로 표현한 그림이 아래에 있다. 전구의 저항을 100옴이라고 했을 때 전구에서의 전류를 계산해 보자. LED와 저항이 직렬 선상에 있으므로 전류는 같나. 그러니 주어진 상황만으로는 전류를 계산할 수 없다. LED에서 소모되는 전압을 알아야 한다. 실리콘 다이오드는 내부에서 약 0.7V 의 전압 차이가 생긴다. 직렬연결이므로 저항에서의 전압은 11.3V가 된다. V=IR에서 I=V/R이므로 I=11.3/100=0.113 A가 된다. 보편적으로 많이 사용되는 다이오드는 1N4001이다. 다이오드를 선택할 때에는 허용 가능한 전류와 전압을 데이터 쉬트에서 확인하여야 한다.

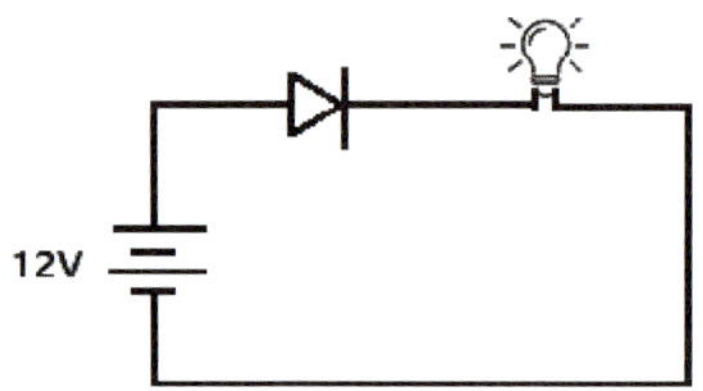
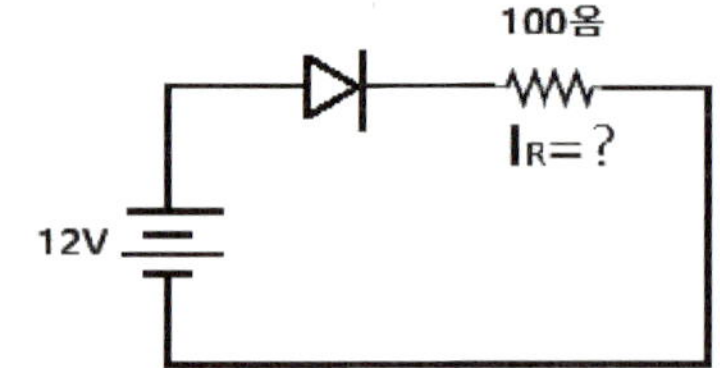

4 트랜지스터(Transistor)

디지털 기술에서 핵심인 트랜지스터의 역할은 스위치이다. 아래 그림에서 보듯이 트랜지스터는 전기적으로 ON, OFF시키는 스위치 역할을 하는 것이다. NPN과 PNP 2가지 타입이 있으며, 스위치를 ON 시키려면 NPN 트랜지스터를 사용하는 경우에는 베이스에 +를 걸어 주면 되고, PNP 타입을 사용할 때는 베이스에 −를 걸어 주면 된다. 아래 우측 그림에 있는 스위치와 같은 역할을 하는 형태를 나타내었다.

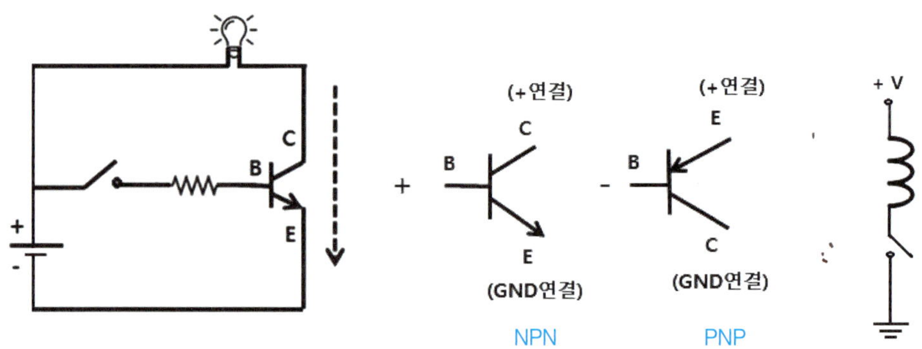

모터 컨트롤을 설명할 때 트랜지스터를 사용했었다. 작동에 필요한 저항과 전류를 계산해 보자. NPN 타입 트랜지스터가 95% 정도 많이 사용되기 때문에 여기에서는 NPN을 사용하는 예를 들었다. (PNP을 사용하는 경우는 전류의 극만 바꾸어 사용하면 된다.)

3W@12V 모터를 사용한다고 했을 때, 전력(P)은 전압(V)×전류(I)이다. 즉 P=VI에서 모터 구동에 사용되는 전류 I=P/V=3W/12V =0.25A가 된다. 아두이노 디지털 핀에서 안전하게 사용할 수 있는 전류 값은 20mA이므로 트랜지스터를 사용하여 250mA를 컨트롤하는 것이다. 모터는 코일로 구성되어 있으므로 아래와 같은 코일 모양으로 표시하기로 하자.

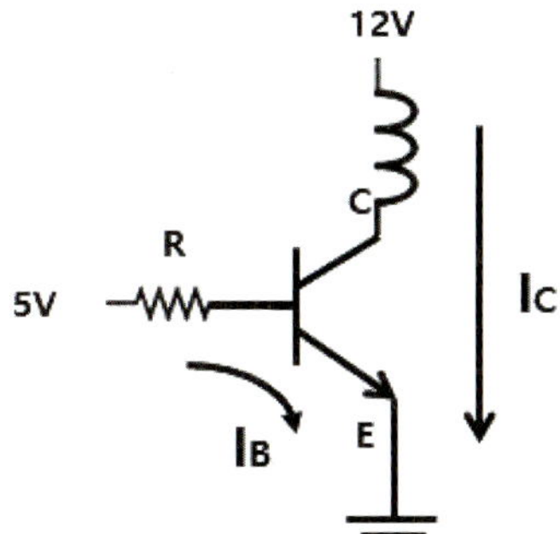

콜렉터(C)와 에미터(E) 사이 전류 Ic는 트랜지스터의 확대율(ß : gain)에 베이스(B)와 에미터(E) 전류 IB를 곱한 값과 같다.

$$Ic = ß \times I_B$$

2N2222 트랜지스터인 경우 게인(Gain) ß 는 100이다. 즉 베이스(B)에 1mA를 공급하면 컬렉터(C)와 에미터(E) 사이에 100mA의 전류를 흐르게 할 수 있다. 예제의 경우 Ic에 250mA 전류가 통과하게 해야 하므로 베이스에는 2.5mA 이상 전류를 보내 주면 된다.

아두이노에서 5V가 공급된다. 그러나 다이오드에서와 같이 실리콘 반도체인 트랜지스터는 약 0.7V 볼트 드롭이 있다. 따라서 베이스에 공급되는 전류 IB=(5-0.7)/R이어야 한다. IB=2.5mA이므로 R=(5-0.7)/0.0025=1720Ω 이다. 충분한 전류를 보내주기 위하여 1.5KΩ 저항을 사용하면 된다. 기본적인 구성은 되었지만 모터는 코일이 있기 때문에 갑자기 정지하면 역 전류가 생겨 아두이노 디지털 핀을 타고 들어가서 MCU를 손상시킬 수 있다. 다이오드를 추가해서 문제를 해결해 주어야 한다. 적은 용량의 커패시터를 추가하여 안정적인 전류가 흐르게 할 수 있다. 최종적인 회로는 오른쪽 그림과 같다. 프로젝트에서 사용한 2N2222 트랜지스터는 1A(암페어) 전류까지 사용할 수 있다. 더 큰 전류 컨트롤용으로는 2N3035와 같은 트랜지스터가 있으며 15A까지 사용할 수 있다. 트랜지스터는 안전을 고려하여 최대 용량의 50~60% 정도에서 사용하는 것이 좋다. 트랜지스터 2개를 직렬로 연결하여 사용하는 방법도 있고 다음의 달링턴 트랜지스터를 사용하는 방법도 있다. 2개를 직렬로 연결하는 것보다 하나의 달링턴을 사용하는 것이 편리하다.

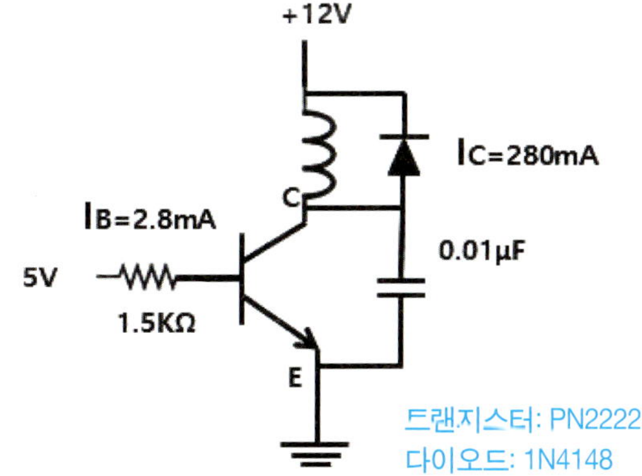

5 달링턴 트랜지스터(Darlington Transistor)

앞에서 트랜지스터 하나를 사용하여 250mA 모터를 컨트롤했다. 달링턴 트랜지스터를 사용하면 수십 A(암페어) 이상의 전기기기를 컨트롤 할 수 있다. 달링턴 트랜지스터는 두 개의 트랜지스터를 묶어서 한 개로 만든 것이다. 트랜지스터를 2개 연결했을 때, 게인 값은 각각의 게인 값을 곱한 값과 같다. 트랜지스터 2N3055(게인=20)와 2N2222(게인=100)을 서로 연결하면 전체 게인은 2000이 된다. 달링턴 트랜지스터 TIP120은 NPN 타입이며, 케인은 1000이고 최대 전류는 5A이다.

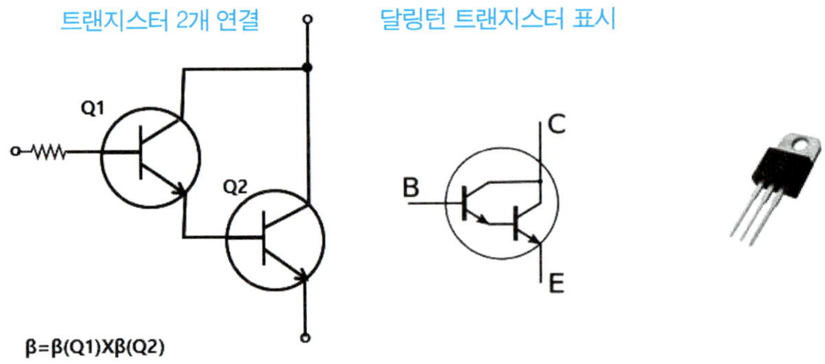

달링턴 트랜지스터를 사용한 예제 회로를 아래 그림에 나타냈다.

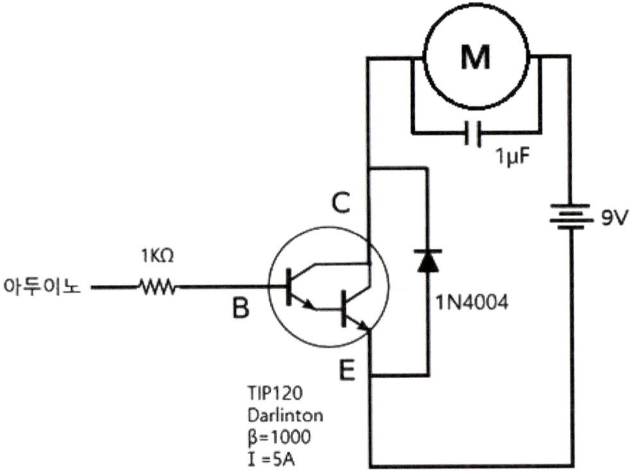

6 옵토 커플러 (Opto-coupler)

옵토 커플러는 빛을 이용한 연결기라는 뜻이다. 다른 이름은 빛으로 차단한다는 뜻인 옵토 아이솔레이터(Opto-Isolator)라고 부르기도 한다. 아래 그림을 보면 단자가 서로 분리되어 있는 것을

볼 수 있다. 1번과 2번은 LED의 아노드(+)와 캐소드(−)이다. LED가 ON 되면 빛을 발생시켜서 우측 포토 트랜지스터를 작동하게 하는 구조이다. 4번과 5번에 모터를 비롯한 전기 부품을 연결하면 된다. 높은 전압을 사용할 때 그리고 AC 전기를 사용할 때 안전을 기하기 위한 부품이다.

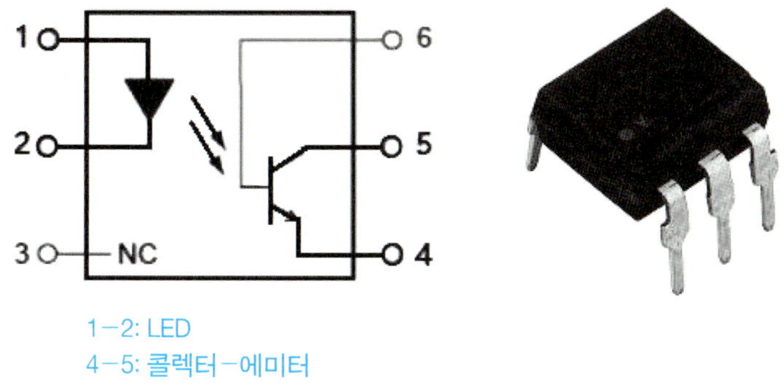

24V 직류 전구를 옵토 커플러로 ON/OFF 시키는 예를 보자.

모토롤라 4N25 데이터 시트에 컬렉터와 에미터 사이 전압은 30V, 전류는 150mA으로 되어 있다.

OUTPUT TRANSISTOR

Collector–Emitter Voltage	V_{CEO}	30	Volts
Emitter–Collector Voltage	V_{ECO}	7	Volts
Collector–Base Voltage	V_{CBO}	70	Volts
Collector Current — Continuous	I_C	150	mA
Detector Power Dissipation @ T_A = 25°C with Negligible Power in Input LED	P_D	150	mW
Derate above 25°C		1.76	mW/°C

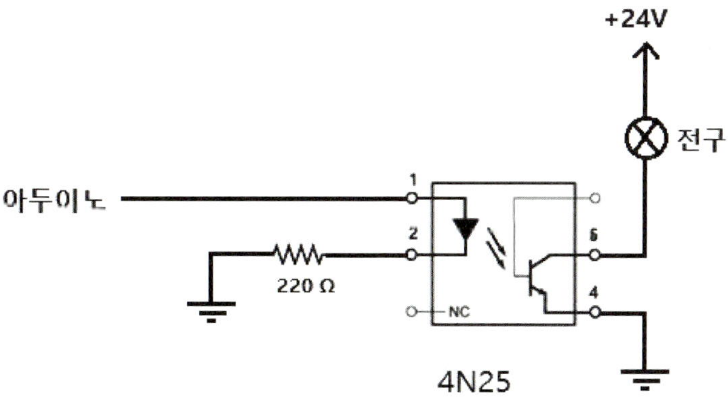

위 회로는 아두이노 전류와 전구에 공급되는 전류는 분리하였지만 작동 한계가 150mA밖에 되

지 않는다는 단점을 가지고 있다. 이를 극복하기 위하여 옵토 커플러와 달링턴 트랜지스터를 연결하여 사용하기도 한다.

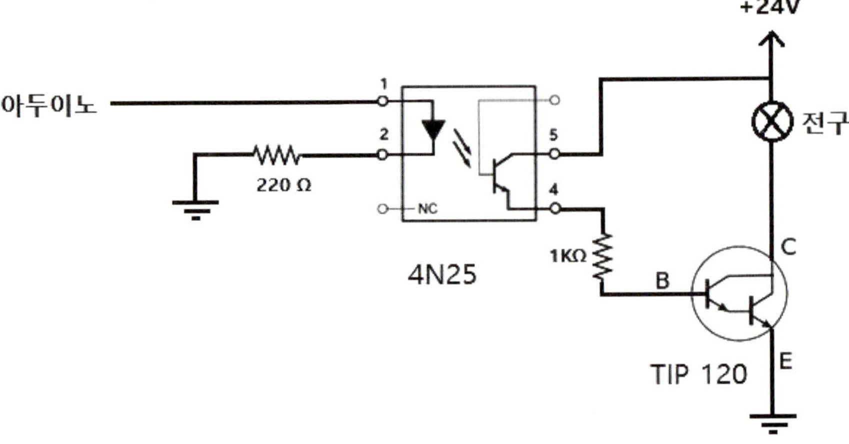

TIP 120 달링턴 트랜지스터를 사용 100배 큰 전류를 컨트롤할 수 있다.

옵틱 기술을 활용하여 파워 라인을 컨트롤하는 부품으로 Opto-Diac, Opto-Traic과 Solid State Relay가 있다. AC 전원에 주로 사용되고 있다.

AC !!! 전기를 사용할 때는 매우 세심한 주의가 필요하다. 높은 전압과 전류로 인하여 큰 사고가 발생할 수 있으므로 전문가의 도움이 절대적으로 필요하다. 아파트에 있는 콘센트에서 나오는 220V에 전구를 연결할 때도 전구의 전력용량(W: 와트)에 따라 전선의 굵기가 달라진다. 전자에서 사용하는 얇은 선을 사용하면 흐르는 전류를 버티지 못하여 스파크가 발생하고, 절연체에 화염 발생하여 화재를 야기할 수 있다. 안전이 최우선이다!!!

7 릴레이

홈오토메이션을 하려면 전등, TV, 냉장고, 세탁기를 비롯한 많은 전기기기를 아두이노 신호로 컨트롤할 수 있어야 한다. 앞에 설명한 트랜지스터는 주로 DC 전기를 컨트롤 할 때 사용하고 AC 전기는 고전압이어서 위험하기 때문에 릴레이와 같이 확실하게 전자 파트와 전기 파트를 분리하여 컨트롤할 수 있는 부품을 사용해야 한다.

릴레이는 전자석을 이용한 스위치이다. 내부는 완쪽에 있는 투명 케이스 안에 코일이 있는 형태이다. 코일에 전기를 공급하면 접점을 끌어 당겨 스위치가 ON 상태가 되도록 하는 것이다. 코일에 전기를 공급하는 부분과 스위치 접점

171

이 서로 분리되어 있어 AC와 같은 고압 전원 스위치에 적합한 형태이다. 아두이노 전원으로 릴레이를 작동시켜 220V AC전원을 컨트롤 하는 회로를 소개한다.

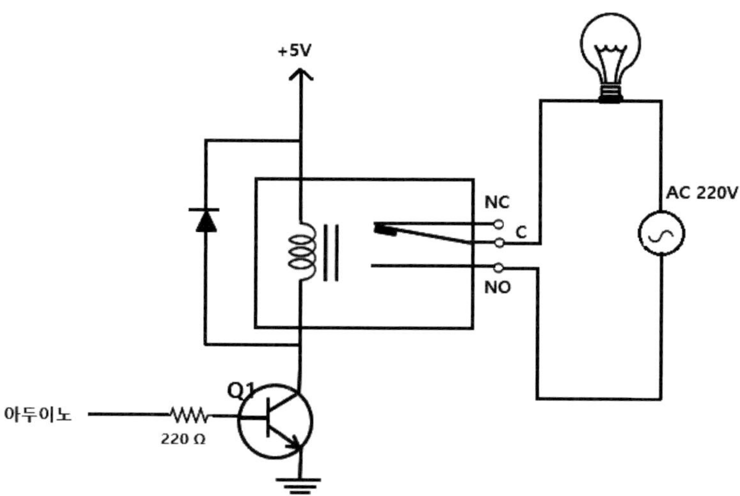

아두이노 Uno R3 하드웨어

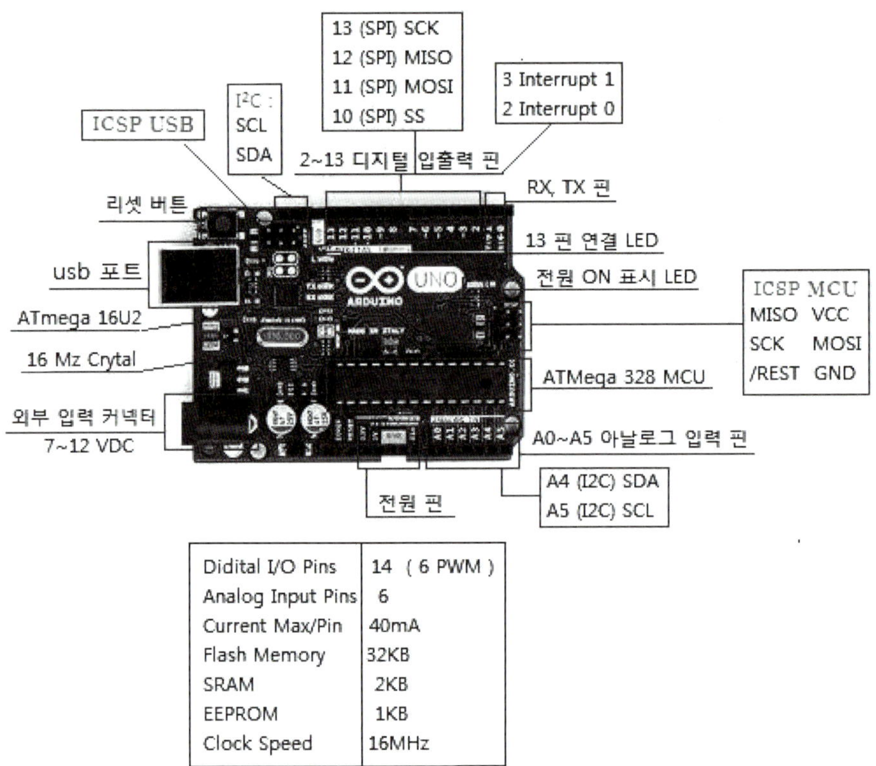

Didital I/O Pins	14 (6 PWM)
Analog Input Pins	6
Current Max/Pin	40mA
Flash Memory	32KB
SRAM	2KB
EEPROM	1KB
Clock Speed	16MHz

아두이노 패밀리
소개

아두이노는 형제자매가 많이 있다. UNO는 크기가 7.5X5.3cm로 손바닥 안에 들어가는 사이즈이다. 하드웨어가 같은 사양인 Nano는 4.3×1.8cm이며 더 소형화된 보드들도 있다. 아래 사진에 있는 UNO는 DIP 타입이다. SMD 타입은 소형화된 칩을 사용하여 PCB 보드에 고정되어 있는 형태이다. 콤팩트한 제품을 만들 때, 저 에너지 소모 제품을 만들 때 유리하다. 아래 그림에 나타내지 않은 보드들도 있다. 아래 주요 보드 사양을 리스트했다.

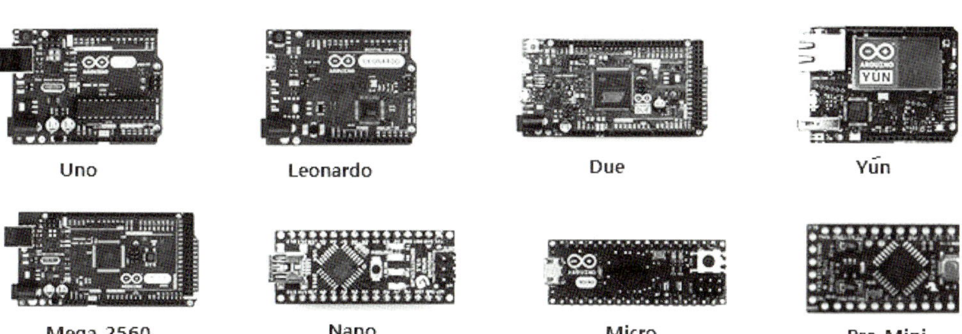

아두이노 주요 보드 사양 비교

이름	속도: MHz	아날로그 In/Out	디지털 IO/PWM	플래시 메모리 :KB
Uno	16	6/0	14/6	32
Leonardo	16	12/0	20/7	32
Due	84	12/2	54/12	512
Yún	16	12/0	20/7	32
Mega 2560	16	16/0	54/15	256
Nano	16	8/0	14/6	32
Micro	16	12/0	20/7	32
Pro Mini	16	6/0	14/6	16

참고문헌

- 《Arduino.cc》
- 《아두이노 프로젝트 65》 존북살 지음/전철 옮김, 비제이 퍼블릭
- 《Atmel data sheet》 Atmel
- 《Make: 아두이노 DIY 프로젝트》 키모 카르비넨 지음/배지은 옮김, 한빛미디어
- 《아두이노 쿡북 2nd》 마이클 마골리스 지음/윤순백 옮김, 제이펍
- 《스케치로 시작하는 아두이노 프로그래밍》 싸이먼 멍크 지음/윤순백 옮김, 제이펍
- 《아두이노 완전정복》 김경언, 장정형, 박민상, DB, Info
- 《익스플로링 아두이노》 Jeremy Blum 지음, 김찬웅 역, 한빛아카데미
- 《MIT High Low Tech Group》
- 《Arduino programming notebook》 brian w. Evans
- 《Sparkfun》
- 《Adafruit》

KB234453